Have a niceドーミーイン

「一泊すると住みたくなる」最高のビジネスホテル

ワニブックスNewsCrunch編集部

はじめに

出張の多いビジネスマンにとって、「ホテル選び」はかなり重要なポイントとなってくる。毎月のように地方に出かけるような生活を送る場合、オーバーではなく日常の住まいを探すのと同等の価値がそこにはあると言ってもいいだろう。

その傾向は、実はコロナ禍でさらに顕著なものとなってきている。

かつては「ただ寝るだけだから」とビジネスホテルの質にはこだわらず、駅から近い繁華街の中のホテル、とにかく安いホテル、あるいは宿泊を重ねることでキャッシュバックなどが受けられるホテルが高い優先順位を誇っていた時期もあった。たしかにお小遣いが厳しいサラリーマンにとってはありがたいシステムだ。ただ、コロナ禍で以前のように夜遅くまで繁華街を気兼ねなく出歩くような出張生活は送れなくなった。

感染の拡大状況が厳しい時には、緊急事態宣言が発出されている都市であれば、夜8時には飲食店が閉まってしまうため、早い時間からホテルに帰らなくてはいけなくなった。つまり、ホテルでの滞在時間が大幅に増えることになったのだ。

こうなると、もう「ただ寝るだけ」の空間ではなくなる。つまり、外で時間を気にしながら早い夕食を取ったあと、ホテルで翌朝まで長い時間を過ごすことになった。もっといえば、外で朝食を取ることも地域によってはなかなか難しくなってくるので、朝食もホテルで済ませることができるのがベター。これまでは深夜に戻ってきて、翌朝早くには出かけるのがビジネスマンのスタンダードだったが、夜8時から12時間以上、ホテルの中で過ごすことになり出張のスタイルが大きく変わってきている。

昨今の「ウィズ・コロナ」という現実を鑑みた場合、これまでと同じようなホテル選びでは快適さが担保できなくなってくる。室内だけでなく、館内の隅々まで設備が整っているホテルのほうがいいし、朝食が美味しければ、なお素晴らしい。そこに大浴場やサウナがあると、気分的にも身体的にもかなり開放的になれる。

そんな状況をすべてカバーしているのが、全国展開している『**ドーミーイン**』なのだ。もっともコロナ禍の新しい生活様式に合わせて、ドーミーインがこういった特長を打ち出してきたわけではない。

昔からドーミーインは「早くチェックインしよう」と思わせてくれるような快適空間

を提供しつづけてきてくれた。

この本の制作チームの中には47都道府県を仕事で踏破《とうは》してきた、という強者《つわもの》もいる。ワニブックスNewsCrunch（ニュースクランチ）編集部の面々は決してホテル評論家ではないが、限られた予算内でよりよいホテルを探す、という作業を毎週のように繰り返してきた。そう、もはやホテルに泊まることは生活の一部なのだ。

当然、ありとあらゆるスタイルのホテルに宿泊してきたのだが、一時期はやはり「どうせ寝るだけだからより安い宿を」という考え方で私たちはホテルを決めてきた。

しかし90年代になって出張族のあいだで「ビジネスホテルなのに大浴場がある」「部屋の広さに余裕があって、ゆったりと過ごせる」というホテルの存在が口コミで広がっていった。まだインターネットが広く普及するまえの話だが、それだけに口コミの信憑《しんぴょう》性《せい》の高い時代。さっそく大阪にあったそのホテルに宿泊してみると、「今までのホテル選びがいかにナンセンスだったのか」と一夜にして考え方がひっくり返るほどの衝撃を受けた。それこそがドーミーインだった。

新幹線や飛行機での移動でじわじわ溜まっていた疲労を大浴場で癒すことで、翌朝までぐっすりと眠ることができる。といっても「ただ寝るだけ」ではない。どのホテルよりも良質な睡眠が取れるのだ。出張先まで新幹線や飛行機に乗ってやってきた、ということは翌日、また長距離移動が待っているわけで、一旦、疲れがリセットされるのは本当にありがたい。明日への活力を養えるホテルの存在は当時、革命的でもあった。

さらに札幌への出張では、ドーミーインの「朝食力」に驚嘆した。

いわゆるバイキング形式なのだが、自分で海鮮丼を作れるスペースがあり、なんと新鮮な刺身を乗せ放題、イクラをかけ放題という夢のような空間がそこには広がっていた。それまでは早朝から市場に足を運んで海鮮丼を食べてきたが、もはやこれで十分すぎる満足度。「朝食力」に関しては札幌に限らず、ほかの地方都市でも存分に発揮され、これによって単なる1泊2日の出張に「旅情」までもが乗っかってくる。従来のビジネスホテルの枠を飛び越えた付加価値がそこにはあった。

そうなると、こちらの価値観も大きく変わってくる。

仕事で地方を飛び回る生活をしていると、いざプライベートで旅行に出かける時には、いつもの出張とは変化をつけたくなって、高級ホテルやリゾートホテルをチョイスすることがほとんどだった。

それがいつしか**「家族旅行でもドーミーインに泊まろう！」**という考え方になってきたのだ。ほかのビジネスホテルチェーンも出張でよく利用するが、家族を連れて再訪しよう、という発想になったのはドーミーインだけである。

家族で利用しても満足度が高い、ということは、**女性客も安心して泊まれて、なおかつ快適に過ごせるはずだ**。これまでのビジネスホテルは、どうしても「男性目線」からのサービスが多い印象だったが、そういった目線すらもひっくり返した経営戦略がそこには見え隠れする。

また、終電を逃して、たまたま東京都心のドーミーインに宿泊した時の快適さも新鮮だった。首都圏に住んでいると、都心のビジネスホテルに泊まることなんてない。それこそ非日常を求めて休日にリゾートホテルに泊まることはあっても、わざわざビジネスホテルはチョイスしないからだ。

ただ、地方在住のビジネスマンからすれば、東京への出張がおそらくもっとも多くなるわけで、リーズナブルかつ満足度の高さは非常に大切なものとなってくる。それを体感したことで、ドーミーインへの印象がまたプラスに変化したことをよく覚えている。

本書では、NewsCrunchの編集部員が実際にドーミーインへの宿泊を積み重ねてきた経験をもとに、いかにしてドーミーインが名実ともに**「最強で最高のビジネスホテル」**チェーンになってきたのかを徹底的に探っていく。

それだけではなく、コロナ禍でビジネスホテルがどう変わったのか、そしてドーミーインはどう変わったのか（もしくは変わっていないのか）を確認するために、このタイミングでさまざまな土地のドーミーインを泊まり歩く――という試みもしている。

この際、取材と明かして泊まるわけではない。我々にとっていつものルーティンに過ぎないし、本書の制作にあたり1円たりとも協力費などはもらっていない。いわゆる非公認本……あるいはファンブックと言えるだろう。だからこそ疑問などについても遠慮なく書かせてもらった。

そして、そこで生まれた疑問を実際にドーミーイン本部に直撃取材も敢行してみた。

どうかご期待いただきたい。

大浴場から夜鳴きそばまで……「令和のオアシス」がここにある！

目次

第2章　全国各地のドーミーインをはしごしてみた！
――泊まり比べでその魅力、再発見

第4章 そんなあなたにドーミーインに泊まってほしい

おわりに

第1章　あなたはドーミーインを知っていますか？

――全国にドミニスタ、急増中

出張と旅行では宿泊の「意味」が違う

最初にあらためて断っておきたいのは、この本に携わっているチームのメンバーは決してホテル評論家やホテル研究家、ましてや旅に特化したライター、カメラマン、ジャーナリストではない、ということである。その顔ぶれは「ワニブックスNewsCrunch」というニュースサイトに集うフリーのスタッフ、そしてワニブックスの社員たちだ。

ただ、どのメンバーも仕事柄、出張や地方取材が多く、コロナ禍になるまえは、毎月、いや、毎週のように日本のどこかに飛んでいた。つまり、必要に迫られて、毎週、ホテル探しに躍起になってきた面々なのである。

極論すれば、高いお金を払えば、いいホテルには泊まれる。

実際、プライベートで旅行する時には、ちょっと奮発してリゾートホテルに泊まることもあるし、たまの贅沢として都会のラグジュアリーホテルで休日を優雅に過ごす時だってある。あるいはちょっとリッチな気分を味わいたくて、老舗《しにせ》高級ホテルのブレックファーストを味わうこともある。高いお金を出して、非日常空間を味わうというのもホテルライフの楽しみ方のひとつだ。

しかし、それができるのも自分のお財布だから。出張で地方に泊まる際には、当然のことながら、会社のお金……すなわち経費での支払いになる。つまり、あらかじめ上限が決められてしまっているのだ。その範囲内でホテルを選ばなくてはいけないから、最初から選択肢がかなり狭まってしまう。

この金額については会社によってシステムが違うので一概には言えないけれど、このご時世で、「1泊1万円を超えるホテルに出張で泊まれる」というのは一般的なサラリーマンにとってはレアなケースではないだろうか？　1泊数千円という限られた予算の中で、いかに快適なホテルをチョイスするのかも、もはや出張における仕事のひとつ、と言ってしまってもいいだろう。

中には、「超過した分は自腹で精算すればいい」という会社もある。この場合、ひとりでの出張だったら問題ないが、同行者がいる場合、それをヨシとしないケースも多々ある。同行者が会社の言うとおり1泊5000円台のホテルに泊まっているのに、自分だけ差額を払うからといって1泊1万円のホテルに泊まってしまったら、なんともバツが悪いし、出張中はずっと気まずい空気になってしまう。そのようなケースでは、泣く泣く妥協をして、同行者の泊まるホテルに合わせるしかなかったりする。

もはやこの段階で、プライベートな旅行とは、「宿泊」という言葉の意味が大きく異なってきてしまっているのだ。

出張が多い仕事をしていると「日本中を旅できてうらやましいですね」とよく言われるのだが、そもそもあくまでも仕事がメインでの移動であり、ホテル代のみならず、その間の食費なども予算の枠内で削減していかなくてはならないから、周りが思うほど旅気分は味わえなかったりするのである。

重ねて言うが、だからこそ、ホテル選びは本当に重要になってくる。

観光で行くのだったら、その土地の名所の近くに宿を取り、その旅館やホテルを拠点としてあちこちに出かければいい。

だが、出張の場合、新幹線による移動ならば、なるべく駅近のホテルのほうがいいに決まっている。昔だったら、気兼ねなくタクシーで移動できたが、そんな時代はとっくに過ぎ去ってしまった。同様に、飛行機で移動するのであれば、空港までのリムジンバス乗り場が近いところが最有力候補となってくる。

もっといえば、取引先（打ち合わせ先）の会社がターミナル駅から非常に離れたところにあるのであれば、もうアクセスは二の次でその会社に近いところで宿を探したほうがいい。こうなると、もはやホテルのスペックは後回しにしなくてはいけなくなってしまうが、それが出張における宿泊の現実、なのである。

しかし、もうひとつ忘れてはならないポイントがある。

出張先でいい仕事をするには、自らのポテンシャルを引き出すために心と体調を整え、パワーを充填《じゅうてん》する必要も大いに出てくる。よいパフォーマンスをするには、それなりの環境が大切なのだ。

それができるのは、ホテルしかないのだ。

予算に上限があり、さまざまな制約がある中で翌日のアクセスも気にしながら……と、どんどん条件が絞り込まれていく中で、理想的なホテルを探すのは、本当に難しい話になってくるが、**「その出張先にドーミーインがある」とわかっているだけで、その負担も不安もかなり解消される。**

毎週、日本のどこかに行かなくてはならない私たちのような職種の人間にとって、それだけドーミーインは信頼のおける存在なのである。この章ではその理由について、じっくりと書いていきたいと思う。

口コミで広がった「特異性」と「快適さ」

今の時代、ホテルを予約するのはとても簡単になった。

パソコンやスマホでホテルの予約サイトを開けば、すぐに残りの部屋数もわかるし、料金だってプランごとに明記される。そのままボタンひとつで決済までできてしまうのだから、電車での移動中やランチ中にサクッと予約を完了することも容易《たやす》い。

しかし、１９９０年代まではそれはもう手間のかかる作業だった。

そもそもインターネットが普及するまえの時代だから、予約サイトなんて存在しない。当時は会社の各部署に『全国ホテルガイド』なる分厚い本が支給され、出張が決まると、各々がその本を見ながらホテルを選ぶ流れになっていた。

その本には北海道から沖縄まで、主なビジネスホテルや観光ホテルが掲載されているのだが、たくさんのホテルが載っている分、ひとつひとつの情報量はとても薄い。また、外観と部屋の写真が小さくモノクロで掲載されていたし、有益な情報は駅からの所要時間、朝食の有無、そして1泊あたりの値段ぐらいだっただろうか。でも、年に1回程度しか行かない土地に関しては、本当にそれだけが唯一の手掛かりとなった。

インターネットがないから、予約するには電話をするしかない。今だったら人差し指でボタンをタッチするだけで終わる作業が、まずホテルに電話をし、出張の日時を伝えて、その日に空き部屋があるかどうかを確認しなくてはならない。

そして重要なのは料金の確認。前出のホテルガイドに1泊あたりの料金は載っているものの、それはあくまでも目安でしかないし、ネットと違って情報がリアルタイムでアップデートされるわけではないから、本の発行から時間が経っていると、値段が大幅に変更されている、ということも珍しくはなかった（この本自体がそこそこ高いので、毎年、最新版が支給されるなんてこともなかったのだ）。

せっかく空き部屋があっても、宿泊代金が出張費の上限を超えてしまっていたら、もうその時点で諦めるしかない。そうなったら次の候補を探し、また電話をする……ひたすら、この繰り返し。連休などの繁忙期になれば、何件、電話をしても満室続きで断られることも珍しくなく、たとえば夏の甲子園の開催期間中に兵庫県への出張が決まった場合などは、それこそホテルを確保するためだけに、2時間も3時間も電話の前で格闘する、なんてことも日常茶飯事だった。

運よく空き部屋が見つかったら、会社名、個人名、電話番号を口頭で伝えて、ようやく予約完了。アラフィフ世代にとっては「出張あるある」なのだが、それより若い世代にとっては、なんでそんな無駄な時間を、とショックすら覚えるかもしれない。それだけ今の世の中は便利すぎるのである。

さて、本来だったらアップデートされないはずのホテルガイドだが、じつは出張が多い部署ほど、日々、進化を続けていた。なぜなら、出張で泊まった同僚たちが「このホテルはいい!」と二重丸を付けておいてくれたり、「1泊5000円と書いてあるけれど、今は6000円」とか「朝食は美味しくないからプランに入れないほうがいい」などと最新情報やアドバイスを赤ペンでどんどん書き足していってくれたからだ。

究極の情報は「ここには絶対に泊まるな！」と大きく×印が付けられていたこと。おかげで地雷を避けることができたのだが、どのホテルも満室で、ついにその×印に電話をしなければいけない時の絶望感たるや……アナログならではの悲喜こもごもの世界がそこにはあった。

ここまで読んでおわかりのとおり、これは現在のホテル予約サイトの口コミ情報の原型である。ただ、こちらは書いている人が同僚だから、より信憑性も高いし、なんなら本人に話を聞くことだってできるので、最強の口コミ情報だった。

そしてある時、それらを凌駕する口コミ情報が出てきた。

新しくオープンしたホテルは、当然のことながらホテルガイドにはまだ載っていない。今だったら新築のホテルほど人気になるけれども、インターネットがない時代はその情報が行き渡らないので、逆に予約が取りやすい穴場となっていた。そこに泊まった同僚がパンフレットのコピーを挟んでおいてくれたり、さらに細かい情報を書き込んでくれたりしていた。まさに出張の救世主である。

その流れで「大阪に新しいホテルができた」という話から始まり、**「ビジネスホテル**

なのに大浴場がある」「部屋が広めで畳の敷かれた小上がりまである」という衝撃的な情報があっという間に出張族のあいだで拡散されていった。

それこそが当時、大阪市の大国町《だいこくちょう》にオープンしたばかりのドーミーインだった。アナログ時代に口コミだけで広まった「特異性」と「快適さ」。一瞬にしてドーミーインは知る人ぞ知る存在として高い評価を得ることとなった。

ビジネスホテルを変えた「大浴場」の存在

ドーミーインに泊まる理由のひとつとして、「大浴場があるから！」と答える人はかなり多いと思われる。

以前は大浴場が付いているビジネスホテルの存在は、本当に稀だった。温泉地に近いビジネスホテルや、宿泊料金のお高いホテルや民宿、あるいは観光地の大型旅館などにはあったが、「街中《まちなか》にあるビジネスホテルに当たり前のように大浴場が完備されている」なんていう話はドーミーインが登場するまで、ほとんど聞いたことがなかった。

出張というのは、とにかく疲れるものである。新幹線や飛行機での移動は、それだけで大きく体力を削られるし、全身の筋肉もこわばってくる。ましてやコロナ禍においては移動するというだけで精神的にピリピリする時期が続いていたため、いつも以上に疲労度が大きかった。

そんな時、大浴場があると、どんなにありがたいか！

大きな湯船にゆったりと足を伸ばして浸かって「あぁ～」と声が漏れてしまうだけで、もう疲れが頭のてっぺんから湯気と一緒に抜けていく感覚。ドーミーインでしか味わえない、この疲れが抜けていく感じがいいのだ。

どんなにお金持ちでも「自宅に大浴場がある」という人はほとんどいないだろう。つまり、大浴場に入るという行為は誰にとっても非日常体験、ということになる。

逆にせっかくホテルに泊まっているのに、自宅の浴槽よりも狭いユニットバスに浸かって「これだったら、自宅のほうがゆったりできる」と感じてしまったら旅情もないし、心身ともに疲れを残したまま出張を続けなくてはならない。ゆえに、大浴場があるホテルを選びたくなるサラリーマンやビジネスマンが多いのだ。

現在では他のビジネスホテルチェーンでも大浴場を売りにするケースが増えてきた。

しかし、ドーミーインとは決定的に違う部分がある。

それは大浴場の営業時間だ。

だいたいのビジネスホテルではチェックインの時間に合わせて大浴場をオープンして、清掃などのため深夜0時から2時ぐらいで一旦、閉めてしまう。

あまり広くないホテルの大浴場の場合、たとえば夕方から夜10時までは女湯、それ以降は男湯と入れ替え制を取っているケースも珍しくない。つまり「いつでも、好きな時に、気軽に」入れるわけではないのだ。

その点、ドーミーインはチェックインが可能な15時から大浴場に入れるのはもちろんだが、深夜に至ってもクローズすることはなく、基本、夜通し入浴できるのだ（サウナだけは深夜から朝にかけて閉まってしまうが、できたらいつか改善してほしい）。

出張時はイレギュラーなスケジュールになることも多々ある。

とりあえず夕方、現地に入って、夜から打ち合わせという場合、一度、大浴場に浸かって心と体を整えてから相手先に向かい、深夜、ホテルに戻ってきてからもうひとっ風呂という贅沢もできる。

こうなってくるともはや湯治《とうじ》の感覚に近くなってくるが、**いつでも気軽に大浴場に入れるというのは間違いなくドーミーインのストロングポイントだ。**

しかも、ただ単に広い湯船がある、というだけのレベルの話ではない。

これはエリア（立地）によって、いささか差は出てきてしまうが、ドーミーインの大浴場はいわゆる健康ランドなどの温浴施設に匹敵する立派なお風呂が設置されているケースが多い。大きな湯船がドーンとあるだけではなく、露天風呂だってある。露天風呂に関しては朝、太陽の光を浴びながら浸かることで、一日のパワーを充填できるような感覚を味わえるのがまたいい。

そう、朝もゆっくり浸かれるのがドーミーインの大浴場の良さ。最近では大浴場のオープン時間が朝10時まで延びたので、ゆっくり起きて朝食を取り、そのあと、朝風呂に入って（時間帯によっては夜よりも空《す》いている場合が多いのでおすすめ）、11時にチェックアウトする……という夢のような出張の朝をレイアウトできるのだ。

もうひとつ、とても重要なことがある。

ホテルの大浴場に限らず、温浴施設のシャワーというのは、一定時間が経過すると、勝手に止まってしまう設定が多い。頭を洗っている真っ最中、急に止まってしまうとなんとも嫌な気分になるものだが、**ドーミーインのシャワーは勝手に止まることがない！**本当に小さいことかもしれないが、なにげない部分でのストレスフリーは、心からのリフレッシュに直結してくる。これもまた重要なポイントだ！

サウナーも注目する本格的な施設で「ととのう」

近年、サウナの人気が高まってきており、〝サウナー〟と呼ばれるサウナ愛好家の人たちが激増している。

いわば令和版のサウナブームが到来しているわけだが、そんなサウナーたちのブログやTwitter、Facebookなどの情報交換の掲示板を見ると、「なんといってもあのドーミーインのサウナは……」という記述をたびたび見かけるようになった。

つまりドーミーインのサウナはホテルの「おまけ」なんかではなく、独立した施設として好事家から高い評価を受けている、ということになる。

ブームに便乗する形でサウナ完備を売りにするビジネスホテルも増えてきたが、そもそも大浴場が小さいホテルが無理にサウナを設置すると、それに伴って当然ながらスペースまで小さくなってしまう。２人か３人で満員になってしまうサウナだと、入りたくてもすぐには入れない、という現象も起きてしまうわけで、そうなるとなかなか評価は高まらない。

前述したように、ドーミーインの大浴場はビジネスホテルの枠を超えた広さを誇るケースが大半だ。つまり、サウナ用のスペース（水風呂も含む）がしっかりと確保できるわけで、その分、満足度も高いものとなっているのだろう。

さらに露天風呂がある、というのも大きなポイント。サウナをじっくりと堪能したあとに、しっかりと外気浴まで味わえるわけで、まさに「ととのう」ための要素がすべて詰まっているのだ！　真冬の露天風呂もまた格別である。

さすがのドーミーインも深夜だけは衛生管理などのために稼働を停止せざるを得ないので、仕事でチェックインや戻りが遅れたりすると、サウナに関しては諦めなくてはいけなくなってしまうのだが、後述する夜鳴きそばと同様に、「これがあるから早くホテルに帰りたい」と思わせるための大切な要素のひとつがサウナであるのは間違いのないところだ。

大浴場とサウナで「ととのう」ことで、その日の質の良い睡眠は約束されたようなもの。出張中に心も体もリセットできるというのは、本当にありがたいことで、ドーミーインに連泊してきたら、「出張に出る前よりも健康体になっているのでは？」と思ってしまうぐらいだ（笑）。これこそ、まさに湯治の発想であり、疲れ果てたビジネスマンが休みをとらずにゆったりできる出張の裏技でもある。

こんな時代だから「パワーモーニング」の充実ぶりは見逃せない！

大浴場の話の中で、朝の時間のレイアウトについて触れたが、やはりドーミーインを語る上で欠かせないのは朝食バイキングの充実ぶりだろう。

朝ごはんはいらない、チェックアウトぎりぎりまで寝ていたい、という方もいるかもしれないが、**「ドーミーインに泊まるのであれば、その選択は損である」**と言わざるを得ない。それほど満足度が高いのだ。

食事というのは出張や旅行では大きな楽しみのひとつである。

たしかにランチやディナーでは、その土地ならではのグルメを満喫するのが得策だし、ネットで調べれば、いくらでも探すことができる。

だが、朝食となると、なかなか独自性のあるメニューを探すことは難しい。特にコロナ禍で飲食店の営業時間が短縮された時には、夜に早く閉店するだけでなく、朝の営業時間までもがカットされ、午前11時オープンというケースが多くなったし、テイクアウト専門店に鞍替えした飲食店が続出した。

つまり街に出ても、なかなか満足できる朝食にありつけないのだ。

地元の方たちならば、いろいろと穴場なども知っているのだろうが、フラッとやってきた出張族にとって、朝食難民というのはかなり深刻な問題。実際、コロナ禍の地方取材では朝食に困ったことが幾度となくあった。結局、コンビニで軽食を買ってホテルに戻る羽目になる。コンビニ食も空腹を満たしてはくれるのだが、ホテル周りを徘徊《はいかい》した時間がなんともったいなく、一日の出鼻をくじかれてしまった感が強かった。

そんな状況下でドーミーインの朝食は本当に心強い。

基本的にホテル内に併設されているレストラン『Hatago《ハタゴ》』で提供されているのだが、レストランの屋号は同じでも、そのメニューには独自性……もっといえば、その土地の地域性が色濃くメニューに反映されているし、料金も1000円から2500円までと、かなり幅がある。

メニューを見ると、炊きたてのごはんや、焼きたてのパン、オープンキッチンで目の前で作られる卵料理、そして、温かい味噌汁やスープ……など、朝食バイキングで定番のメニューはもちろんひととおり揃っているのだが、感動するのはおかずの布陣。これがもう、**ホテルの朝食という枠を大きく飛び越えたラインナップになっているのだ。**

例を挙げると本当にキリがないのだが、**『天然温泉 善光《ぜんこう》の湯 ドーミーイン長野』**の場合、たくさんのおかずを取り揃えた「味めぐり小鉢横丁」があり、長寿の県ならではの根《こん》野菜を使った料理、冷奴《ひややっこ》、香の物などがひと口サイズの小鉢に入ってズラリと並んでいる。食べ放題のバイキングなので、いくらでもおかわりできるのだから、たしかにひとつひとつは小さくて正解。現在は透明の蓋が付けられているので、新型コロナウイルス感染拡大防止対策としても安心できる（もちろん手指の消毒、ソーシャルディスタンスを守っての座席配列、使い捨て手袋の準備など、ほかにもコロナ対策が徹底しているのは言うまでもない）。

そして、**朝食の目玉商品となっているのが「ご当地逸品料理」である。**

正直な話、定番メニューと味めぐり小鉢横丁だけで朝食バイキングとしては、もうお腹いっぱい食べられるだけの量と質は約束されているのだが、それぞれのエリアのドーミーインにご当地料理があることでお得感が何倍にも増幅する。

そう、**ホテルにいながら、その土地の名物料理を食することができるのだ！**

有名なところでは、すべて自分で盛り付けできる札幌の「選べる海鮮丼」（イクラ盛り放題！）、4店舗が軒を連ねる仙台では「牛たんカレー」や「牛たんシチュー」が朝から満喫できるし（しかも各ホテルによってメニューは変わってくる）、名古屋では「ひつまぶし」が、神戸では兵庫県産はりま牛を使っての「牛丼」、そして博多では本格的な「もつ鍋」や「水炊き」が提供されている（同じエリアでも、ドーミーイン、ドーミーインANNEX、ドーミーインPREMIUMによってメニューは異なる場合がある）。

前の晩、仕事が長引いて地元の名物を食べそびれてしまった、もしくは博多出張で水炊きを食べに行ったので、もつ鍋を食べることができなかった……そんな旅先での悔恨を綺麗に解消してくれるのも「ご当地逸品料理」の魅力。午前中に次の場所に移動しなくてはいけない、東京に帰らなくてはいけない、といった場合でも、しっかりと朝から名物料理を満喫できるのはポイントが高い。

一時期「パワーランチ」という言葉が流行したのをご記憶だろうか。

仕事を効率よく進めるためにも、ランチをしっかり取りましょう、という風潮だが、**ドーミーインの朝食はまさに「パワーモーニング」そのもの。**一日の活力の源をしっかりと取れるだけでなく、旅先ならではの名物料理をはじめとしたラインナップは、胃袋を満たすだけでなく、メニューを選ぶ楽しみを視覚的にも満足させてくれる。

大浴場で疲れを取って、朝食バイキングでエネルギーを充填する。旅先での最強コンボがドーミーインにはある。

忙しさを紛らわせてくれる「夜鳴きそば」の温かさ

朝食バイキングを提供しているレストラン『Hatago』には、もうひとつの顔がある。実は夜になると宿泊者に無料で「夜鳴きそば」を振舞うスペースになるのだ。ドーミーインの代名詞ともいえるこのサービス、実はかなり昔からあった。

オープンキッチンを備えたレストランがあるからこそできるサービスで、提供時間は施設によって違ってくるのだが、だいたい夜の9時台から11時ぐらいの時間帯に食べることができる。

そもそもは夕食を取ってからホテルに戻ってきた人たちが、夜中になって「ちょっと小腹が空いたなぁと感じた時に味わってもらえるように」という理由で提供がスタートしたもの。つまり、お酒を飲みながらごはんを食べたあとに欲してしまう「締めのラーメンをホテルに戻ってきてから味わえますよ」ということである。

あくまでも「小腹が空いた」「締めの一杯」という意味合いなので、コテコテしたボリューミーなラーメンではない。

見た目はなんの変哲もない、実にあっさりとした醤油ラーメンだ。

ただ、しっかりと出汁《だし》は取っているし、ちゃんとメンマや海苔やネギが乗っているし、無料サービスなのに、食後に食べるラーメンとしてすみずみまでしっかりと計算し尽くされている。

なによりも注文してからオープンキッチンで作ってくれるので、心も体も温まる一杯。その場で調理するシステムなので、最初の頃は「本当に無料でいいの？」と思っていたぐらいだ。冷静に材料費や人件費などのコストを考えると、これはなかなか真似のできないサービスといえるのではないか？

そういえば、別のビジネスホテルチェーンから「夜鳴きサービス、開始」というメールが届いたことがあった。「えっ、まさかここも夜鳴きそばを提供？」と思ってメールをよく読んでみると、そこには「夜鳴き茶漬け」との文言が。面白いな、と思って幅広く調べてみると、どうやら夜鳴き茶漬けのサービスは近年、いろいろなホテルで展開されているらしい。

ただ、実際に利用してみると、キッチンでの手作りではなく、ごはんとお茶漬けの具がテーブルに並べられていて、自分で作るタイプだった。最近ではインターネットカフェなどでも無料のカレーや牛丼の食べ放題を売りにしているところも多いが、それらも基本的にセルフサービス。そう考えると、ちゃんとレストランにスタッフが常駐して、一杯一杯、手作りで提供するという形はコストを考えると、かなり難しいのだろう。

ドーミーインの夜鳴きそばは味もあっさりだが、サイズも程よいハーフサイズ。とてもやさしい味なので本音は大盛りも余裕なのだが、夜中に大盛りラーメンをがっつく、というのも健康上、どうかと思うので、これでちょうどいい。

大浴場に入って、体を温めてから食するのもよし。夜鳴きそばで満足してから大浴場に向かうのもよし。自分の出張スタイルに合わせて利用することができるわけで、早い時刻にホテルにチェックインすることが多い連泊の場合、「早くホテルの部屋に戻りたい」と思ってもらえる唯一無二の無料サービスともいえる。

緊急事態宣言下、街の飲食店が夜8時になると一斉に閉まってしまう、という状況が続いている期間は、本当に夜鳴きそばには救われた。

もちろんファーストフードをテイクアウトするなり、コンビニでお弁当を買うなり、いくらでも夜食を調達する方策はあるのだが、やはり**「目の前で作りたてを提供してもらえる」という魅力には敵わない**。

なにより、仕事が長引いて、夕食を食べるタイミングを完全に逸してしまった時に夜鳴きそばに出会えると、本当にホッとする。コンビニでおにぎりなどを買ってきて、部屋で夜鳴きそばと楽しむ、という形式もコロナ禍では何度となく試してきたが、心なしか、夜鳴きそばを食べている人も以前と比べると、かなり増えたようにも感じられた。

もうひとつの隠れた利点は、翌日の朝食会場の様子を事前に体感することができる、ということ。明日はあの席に座ろうとか、この席が快適そうだ、といったことが初めて泊まるホテルでもわかるというのは、なにげにありがたい。

ところで「夜鳴きそばはハーフサイズを食べるもの」というのが頭の中で常識と化していたのだが、先日、食するために並んでいると、前のお客さんが「大盛りでお願いします」とオーダーしていてちょっとびっくり。これって裏メニュー、なのか？　その謎については第3章で迫っていこう。

すべてのエリアを移動できる「館内着」の素晴らしさ

ホテルに宿泊する時、ちょっとだけ不便を感じることがある。

それは、チェックインをして、部屋に用意されているパジャマやバスローブに着替え、せっかくリラックスしているのに、いざ朝食を食べにいこうとなると「パジャマのまま、レストランの利用はご遠慮ください」という但し書きの存在だ。

高級なホテルになればなるほど、そのルールは厳格になってくるのだが、朝食会場に行くために着替えてしまうと、まだ早朝なのに、もうチェックアウトモードに気持ちが切り替わってしまうものだ（スーツならなおさらだ）。朝食を取ったら、当然のことながら、また部屋に戻ってくる。チェックアウトまでまだ時間がある場合、もうちょっとだけくつろぎたいところだが、そうするためにはもう一度、パジャマに着替えなくてはならない。少なくともベッドでゴロッとするには、そうするしかない。

となると、チェックアウトする時には、またまた着替える必要が出てくるわけで……

朝の数時間で何回、着替えなくてはいけないのか？　と面倒くさい気持ちになってしまう。夏なら薄着だからまだいいけれども、冬はちょっとなぁ、というのが正直なところ。結局、朝食が終わるギリギリの時間にレストランに行って、そのままチェックアウトする、という流れを意識してしまうため「くつろぎ」は二の次になってしまう。

その煩わしさがドーミーインには、ない。

一度、部屋着に袖を通してしまっても、レストランへも、大浴場へも、館内であれば、どこへでもそのまま移動可能。つまり、部屋着ではなく館内着だ。

一般のホテルのルールが頭にあるので、ドーミーインに初めて宿泊した時はスーツに着替えて朝食を食べにいったのだが、けっこうな人数が館内着のまま食事をしているのを見て「!?」となったことを強烈に覚えている。それだけホテルの常識を覆すルールであり、それからはもう、朝食も夜鳴きそばもお風呂も館内着のままでリラックスしながら楽しませてもらっている。

とにかくチェックインした瞬間から、チェックアウトする時まで、ずーっとリラックスしてくつろげる――その象徴がこの部屋着なのだ。

そうなると肝心なのが館内着のスペックだ。

極端な話、15時にチェックインして、翌日の11時にチェックアウトするという贅沢な滞在時間の使い方をする場合、館内着を20時間近く着用することになる。どんなに館内での自由度が高くても、館内着の着心地が悪かったら、結果、そんなにくつろげませんでした、となりかねない。それだけ肌に直接触れるものはデリケートなのだ。

もっといえば、館内の移動だけでなく、最終的にはそのままベッドに入ることになるわけで、「動きやすさ」と「寝心地」を両立させなくてはいけない。これって、相当ハードルが高いのではないか?

おそらく試行錯誤を繰り返してきたのだろうが、結果として、**ドーミーインの館内着は心底リラックスできる一着に仕上がっているのだ。**

その館内着だが、ボタンで留めるタイプではなく、プルオーバータイプの上着。ただ、首周りだけはボタンで調整できるようになっているのが嬉しい。

ズボンもゆったりとしている。おそらく、どちらもちょっと大きめのサイズ設定になっているはず。素材もふんわりとしているので、とにかく着ていて疲れないのが特長だ。

もうひとつの特長は「館内着に収納スペースが極端に少ない」ということ。上着に胸ポケットがひとつあるだけで、なんとズボンにはポケットが存在しないのである。

これには移動の際、なにか大切なものをズボンのポッケに入れたまま、うっかり忘れてチェックアウトしてしまう……というアクシデントを防ぐため、との理由があるそうだ。チェックアウトをして、新幹線に乗ってから「あっ、ポケットに忘れてきた！」と気づいても、時すでに遅し。これはドーミーインならではの気配りだ。

たしかに思い返してみると、館内を移動するのに、荷物を持つ必要はあまりない。絶対に持って出なくてはいけないのは部屋のルームカードだけで、それこそ胸ポケットに収納できる。同様にスマホも胸ポケットで十分。自動販売機で飲み物を買いたい時には小銭が必要になるが、これも胸ポケットでなんとかなる。というか、これこそズボンのポケットに突っ込んでおくと、うっかり忘れがちになる候補ナンバーワンではないか。

本当に計算し尽くされた設計である。

「これだけ快適だったら、家でも部屋着として使ってみたいな」と思っていたら、なんとドーミーインの公式ホームページで通販がスタートしていた！　ルール違反かもしれないが、他のホテルに泊まる時にもこれを着たら幸せ……かもしれない。

「11時チェックアウトがデフォルト」という贅沢

ビジネスホテルの場合、圧倒的に多いのが「10時チェックアウト」という決まりだ。最近でこそ、もうちょっと遅い時間設定も増えてきたが、かつては但し書きがない場合は10時、というのが常識というか暗黙の了解だった。

たしかに出張先で仕事に向かうのであれば、10時というのは決して早すぎる時間ではないだろう。ただ、ここまでにも書いてきたように、出張とはとにかくイレギュラーになりがちだ。急にお昼の新幹線で移動が決まった場合、10時にホテルから放り出されたら、荷物もあるし、ちょっと困ってしまう。

もちろん「1時間1000円でチェックアウト時間を延長できます」といったサービスは多くのホテルでもやっているけれども、出張経費の上限ギリギリのホテルに泊まっている場合、この1000円は自腹を切ることになるわけで、なにげに痛い出費だ。

あるホテルグループでは「会員登録すれば、無料でチェックアウトを12時まで延長」という施策を前面に打ち出している。このホテルは基本10時チェックアウトなので、会員以外が12時まで滞在しようとしたら、プラス2000円がかかる。つまり、1泊ごとに2000円も得をしますよ、というのがアピールポイント。実際、我々も確実に翌日の仕事が遅いスタートとわかっている時には、この特典を使わせてもらっているのだが、「会員登録が面倒」という人も少なくない。

実際、何年か前までは、ポイントカードで財布がパンパンになってしまうのが嫌で、あえて作らないという選択肢もあったのだが、今はスマホにアプリをダウンロードするだけで済んでしまうので、利用するためのハードルはグッと下がってきている。

ではドーミーインはどうか。実はそういった登録の手間などそもそもなく、**かなり昔から「11時チェックアウト」がデフォルトだった**。なんとも太っ腹ではないか。

充実した朝食バイキングに、朝10時まで入浴可能な大浴場。これらの施設を満喫するためにも、チェックアウトまでの1時間の余裕は本当に大きい。しかもギリギリまで館内着でくつろげるわけだから、本当に贅沢な朝の1時間を体感できることになる。疲れを取って、エネルギーを充填した上で、さらに時間的な余裕まであるのだから、こんな贅沢な話もない。

かゆいところに手が届く「おまけ」満載！

　これだけいろんなサービスがあったら、満足もいいところなのだが（1泊しかしない場合、すべてを味わうのは不可能かもしれない）、ここにさらなるプラスアルファがあるのがドーミーイン流、なのである。

　たとえば大浴場。じつはお風呂に入ったあとに、ちょっと嬉しいサービスがある。大浴場を出たところにある湯上りスペースには冷蔵庫や冷凍庫が置かれているのだが、**夜の時間帯にはアイスが、朝の時間帯には乳酸菌飲料が無料で提供されているのだ。**本当になにげないことではあるけれども、この「おまけ」があるのとないのとでは、かなり印象が変わってくるし、わざわざ大浴場に小銭を持っていく必要もない。

　そして、高級マッサージ機が設置されているところもあるのだが、驚くなかれ、**こちらも基本的に無料で使えてしまうのだ！**

　温浴施設などに行くと、だいたい200円から300円を入れないと動いてくれない本格的なマッサージ機が、なんと無料というのはこれまた太っ腹ではないか。移動の疲れで背中がパンパンになっている時には、このサービスはたまらないものがある。サウナで筋肉をほぐして、マッサージ機でさらにやわらかくして、大浴場でリラックスする。これをループすると、本当に生き返る！　それを無料で味わえてしまうというのは、あまりにも素敵すぎる特典ではないか。

また、長期出張となった時にあると便利なのがコインランドリーだ。

こちらも基本、ドーミーインでは無料で使えるのだが、そこで嬉しいプラスアルファはなんと**「洗剤が自動投入されるタイプの洗濯機」**ということ。本当にお金も、余計な手間もいっさいかからないのだ。乾燥機のみ1回100円がかかるが、それだけで出張中に溜まってしまった洗濯物が片付くのだから、これもありがたいサービスである。

こういった気配りの行き届いたプラスアルファがあるから、コロナ禍でホテルの外に出にくい状況下でも、サッと館内着に袖を通して「今夜はずっとホテルで過ごそう」と考え方をポジティブにチェンジすることができた。新しい時代の、新しいホテルライフの答えが、このかゆいところに手が届く「おまけ」ラッシュに隠されている。

独特な作りの「客室」は快適空間の極致!

さて、ここまでドーミーインのさまざまな特色について書いてきたが、それらはあくまで付帯価値でしかない。もちろん宿泊するためのきっかけになることもあるのだが、やっぱりホテルにとって最大の魅力となるべき点は「泊まり心地の良さ」であろう。つまり客室の快適さ、である。

正直な話、「ビジネスホテルの部屋は狭い」というのが、現代日本において一般的な認識となっているといっても過言ではないだろう。

それは偏見である一方で、事実でもある。もっといえば「別に狭くても安ければいいじゃないか」と割り切っているユーザーが一定層いるのだ。それも、かなり高めのパーセンテージで。この本のスタッフにも、そういう考え方の人間はいる。

残念ながら、ドーミーインは47都道府県すべてをカバーしているわけではない。ドーミーインが存在しない地方都市もあるわけで、そういう場所へ出張する時には当たり前のことながら、別のホテルに泊まることになる。

コロナ禍で利用頻度が大幅にアップしたホテルチェーンもある。

緊急事態宣言を受けて、そのホテルでは「一律1泊3900円」という仰天プランを打ち出した。もはやホテル業界全体が衝撃を受けた、といっても過言ではない価格破壊。事実、これを受けて大都市圏のビジネスホテルの宿泊料はググッと下がった。札幌や大阪でも3000円台のビジネスホテルが急激に増えたのだ。

しかも、そのホテルには大浴場を完備した施設もある。大浴場付きで3900円となると、もはやカプセルホテルと対等、場所によってはより安価になってくる。この値段で泊まれるのであれば、出張経費も安く抑えられるから、会社も喜ぶ。そして、そのホテルの場合、会員登録をしておくと泊まれば泊まるほどポイントが貯まって、一定数に達するとキャッシュバックまで受けられる。こうなると会社的にも、個人的にもそのホテルが宿泊推奨の有力候補に挙がってくる。

さすがにこの価格破壊キャンペーンは、新型コロナウイルスの感染拡大が落ち着き、旅や出張で利用する人が戻ってきたところで終了となったが、そのタイミングで今度は会員限定で「延泊1000円」というさらなる大胆な施策を打ってきた。月に一度だけ、という制限付きではあるが、「あと1000円プラスすればもう1泊できますよ」というとんでもない提案。もし5000円の部屋に泊まったとしたら、2泊で1万円のところ、なんと6000円で泊まれてしまう計算。そう、1泊3900円キャンペーンの時よりもさらに安くなってしまうのだ。

どちらのキャンペーンも試しに利用したが、今の時代、テーブルとパソコン、そしてWi-Fiさえあれば、どこでも仕事ができるので、決して広くはない部屋でも十分だった。ところが同行したカメラマンは「いや、ちょっとそのホテルには泊まりたくないので、自分だけドーミーインでもいいですか?」と言ってきた。

たしかにカメラマンは持ち運ぶ機材も多いし、準備のためにそれらを広げたいこともある。そうなった時、そのホテルだとちょっと狭い、という説明だった。

まったく無駄がないスペースはデスクワークにおいては、逆に仕事に集中できるという利点もあるのだが、職種によっては使い勝手が悪いようだ。

ただ、ゆったりとした空間に文句を言う人はあまりいない。意味なくだだっ広かったり、無駄にゴージャス感あふれる空間だと、かえって居心地は悪くなるが、ドーミーインはほかのホテルにはない絶妙な「間取り」を実現させている。

「部屋の狭さが気にならない」という人でも、さすがにドアを開けた時に目の前にベッドがドーンと置かれていたら、さすがに萎《な》えるだろう。最近では、そこまで極端に狭い部屋もあまり見かけなくなったが、「寝ることだけに特化したホテル」はまだまだ数多く存在する。

ドーミーインにおいては、そんな経験をすることは絶対にない。なぜならドアを開けても、すぐに部屋になっていないからだ。

まず衣服などをかけるスペースがあって、シャワーとトイレがある。基本的にそれぞれが独立しており、大浴場があるので、バスタブがないのがデフォルトになっている。そして、ゆったりとした洗面台のスペースがあり（すぐに湯も出る）、その先にガラガラと横に開ける扉がもう1枚。そう、これを開けると居住空間という設計になっている。

つまり、客室はいわば「寝室」と言ってもいい。

ベッドがあって、テーブルがあって、テレビがある。

それ以外の設備をドアから部屋までのストロークを長く取って、そこに配置することで、とにかく部屋が広々と感じられるし、これがくつろげる大きな理由にもなっている。

このあたりは、ドーミーインの母体がもともと社員寮や学生寮を運営してきた会社だったことにも起因しているのだろう。ご存じない方もいるかもしれないが、「ドーミーイン」の「ドーミー」とは、英語のDormitory＝「寮」に由来している。

ここまで書いてきたサービスにも言えることだが、出発点がホテルではないので「ホテルとはかくあるべき！」といった凝り固まった考え方はまったくなく、泊まる側が「ビジネスホテルなのに、こんなものまであるの？」と逆にびっくりするようなアイデアが続々と出てくるのも、おそらくはそういうバックボーンから来ているはずだ。

90年代にドーミーインが誕生した時、口コミで広まったのは「大浴場がある」、そして「部屋が広くてくつろげる」の2点がメインだった。

その中でも「部屋の一部が畳敷きになっていて、そこにゴロンと寝転がることができる」という口コミには「なんだ、それ。泊まってみたい！」とワクワクしたことを覚えている。もちろん、すべての部屋に標準装備されているものではなく、昔はインターネット予約もできなかったから、その部屋に通されたらラッキーみたいな側面もあったのだが、とにかく「ビジネスホテルっぽくないビジネスホテル」としての評価は、出張族のあいだではかなり早い段階から確立していた。

ゆったりできる部屋がまずあり、そこに大浴場とサウナが付き、さらには夜鳴きそばと朝食バイキングまで待ち構えてくれている。オーバーではなく、1泊すると、必ず「あぁ、もう1~2泊したいなあ」と思ってしまうぐらいの満足度がドーミーインにはある。まさに寮そのものだ。

もちろん出張だから、勝手に日程を延長するわけにはいかないのだが、その結果、**プライベートの旅行でもドーミーインを利用するようになったリピーターは多い**。

これまで筆者も家族旅行では基本リゾートホテルを使っていたのだが、「パパが出張で泊まっているあのホテルに泊まってみたい」という家族からのリクエストがあったのだ。たしかに大浴場でのんびりしたことは話したし、豪華な朝食バイキングの様子を写メで送ったこともあったが、出張で泊まるビジネスホテルを「羨ましい」と言われ「泊まりたい」と言われたのは、ドーミーインが初めてである。

実際、編集部には何度か旅行で泊まった家族もあるのだが、いつもシングルばかり利用しているので、ドーミーインの広い部屋は自分にとっても新鮮だったし、なによりも家族の満足度の高さにホッとした、という感想が占めた。

女性も安心して過ごせて、子供でも楽しめる。

朝食バイキングが充実しているから、わざわざ朝早くから家族で出かける必要もなくなるし、食費をランチとディナーにたっぷりかけることができる。そう、リゾートホテルと比べれば、朝食を付けてもまだ安いので、旅行全体がリッチになるのだ。

残念ながらコロナ禍で家族旅行はまだ難しい状況にある。

ただ、出張に関しては２０２０年のうちはほとんど出ることができなかったが、２０２１年の後半からは少しずつ出かけられるようになってきた。

はたしてコロナ禍でもドーミーインの満足度は変わらないのか？

それとも、なにか変わってしまったところはあるのか？

次の章ではそれを再確認するために、北は札幌から南は博多まで、全８棟のドーミーインを泊まり歩いてみることにした。

もちろん、実際に出張が入ったから泊まったわけだが、さらに確認したいこともあったので、ただただ泊まってみたケースもある。

まだ緊急事態宣言下にあった2021年9月から、宣言が解除され、全国的に落ち着いて見えた11月までの2か月間で、我々がドーミーインで目撃し、体感したこととはいったい？

第2章　全国各地のドーミーインをはしごしてみた！

――泊まり比べでその魅力、再発見

1泊目『天然温泉 袖湊《そでのみなと》の湯 ドーミーインPREMIUM博多・キャナルシティ前』
チェックアウト後に感動した「おもてなし」精神

出張が多い仕事をしていると、ホテル選びというのは、非常に大事なポイントになってくる。出張先でいい仕事ができるかどうかにも関わってくるわけで、大事というか、とてもデリケートな案件でもある。

ライターやカメラマンなどいわゆるフリー稼業は、出張の際には仕事の発注元から宿泊先を手配してもらう。たまに気を利かせて高いホテルを準備してくれるケースもあるのだが、ありがたく感じる一方で、ベッドから広い部屋を眺めながら「いやぁ、こういうことじゃないんだよねぇ〜」とガックリすることが少なからずあったりして……いや、本当に大事なんですよ、ホテル選びって。

その点、ワニブックスの取材で地方に飛ぶ時はとても安心できる。

それは担当編集者とホテル選びに関する基本的な考え方が同じだから。ざっくり言ってしまえば**「ドーミーインがある都市ではドーミーイン一択」**。それ以外の都市では事前にホテル選びに関して綿密に話し合いをするが、ドーミーインがある都市であれば、こちらになんの相談もなく予約をとってしまうレベル。でも、それだけの安心感がドーミーインにはあるのだ。

若い頃は「とりあえず寝るだけだからホテルは安ければ安いほうがいい」という考え方だったが、40歳を過ぎたあたりから「当日の疲れをリセットできること」「翌朝、リフレッシュした状態でチェックアウトできること」にこだわるようになってくる。もちろん旅行ではなく仕事なので経費もシビアに考えなくてはならない。コロナ禍でホテルへの滞在時間がグッと増えたことで、さらにそれらの要素が大事になってきた。

47都道府県をすべて仕事で回り（つまり47都道府県すべてでビジネスホテルに宿泊している）、今も月に数回は地方に飛んでいるスタッフもいるので、筆者（NewsCrunch編集部員）が人生の中でホテルにて過ごしてきた時間は非常に長い。そういった旅路の果てにたどりついたのがドーミーインという〝楽園〟。コロナで出張が減ってしまったのが残念なぐらいである。

さてそんな折の２０２１年9月に、とある取材で博多に飛ぶ機会があった。最近では

1泊で帰ってくることが多かったのだが、今回は3泊もできる。そんな話をワニブックスの担当編集にしたら（ちなみに今回の出張はワニブックスの仕事ではない）、「そんな機会、なかなかないですよね。せっかくだからドーミーインの〝はしご〟をしてきたらどうですか？」とまさかの提案をされた。

たしかに博多には2軒のドーミーインがある。それを泊まり歩いてはどうか、という提案。なるほど、贅沢な話ではあるが、3泊の出張となると荷物も多い。本来なら同じ部屋を拠点として荷物を置きっぱなしにするのがセオリーだ。しかし、こういう機会でもなければ、たしかに「泊まり比べ」なんてなかなかできない。

正直な話、今まで博多のドーミーインにはあまり泊まってこなかった。

というのも、博多に行ったらもつ鍋を食べて、屋台に行って、締めにラーメンをすって……と、流れ次第では早朝まで街を闊歩《かっぽ》していることが多かったので、ホテルにこだわる必要がなかった、というのが理由のひとつ。

もうひとつの理由、それはコロナ前には韓国や中国からの観光客でホテルが満室になり、東京からのビジネス客はホテル難民になってしまうような状況が何年も続いていた、ということ。どうにもならなくて小倉や北九州に泊まる、というケースも決して珍しいことではなかった。

そんな状況がコロナで一変した。緊急事態宣言発出時にはお店は夜8時には閉まってしまう。そして海外からの観光客が激減したことで、ホテルは選びたい放題になった。もうドーミーインを選ばない理由はないのである。というわけで、博多のドーミーインを「泊まり比べ」してみることにした。

まず、1泊目。

この時点ではまだ緊急事態宣言下で、まずは羽田空港でPCR検査を受けて、陰性であることを確認してから飛行機に乗る、というステップを踏む必要があった。今までだったら、それこそ新幹線感覚で昼過ぎまで都内で仕事をして、パッと羽田空港に移動して、サッと博多まで飛ぶこともできたのだが、コロナ禍で減便されていることもあり、そこまで気軽に移動できなくなってしまったのだ。

それよりも大問題なのは、そうこうしているうちに博多への到着が遅くなってしまうこと。緊急事態宣言が出ているから、飲食店は夜8時で閉まってしまうからだ。

この日、福岡空港に到着したのが夜6時すぎ。猛ダッシュで地下鉄に飛び乗り、博多駅で降りたら駅に直結している『博多めん街道』に直行。営業時間は夜8時までなので店選びをする必要などない。もう飛行機の中で今日の気分は固まっていたので老舗からの新規店へのはしごコンボで決定。替え玉をすることを考えたら、コスパは悪いけどラーメンのはしごも全然アリなのである。

急ぎ足で博多を満喫したところで今日の宿へ。予約してあるのは**『天然温泉 袖湊の湯ドーミーインPREMIUM博多・キャナルシティ前』**。そう、ドーミーインの上位ブランドである〝PREMIUM〟だ。大規模商業施設であるキャナルシティの真ん前にあるので道に迷うこともないし、すぐ横にUNIQLOがあるので長期出張時や、東京と博多の寒暖差が激しすぎて着るものに困った時は本当に便利、である。

もう飲食店はほとんど閉まっているので、今日はこのままホテルの中で過ごすことが確定していた。だからこそ、初日はPREMIUMに泊まろうと決めていた。大浴場にゆったり浸かって、慌ただしかった今日の疲れを癒し、明日からの仕事に備えることがメインテーマである。

その大浴場がスゴかった！　もはやビジネスホテルの「おまけ」というレベルではない。まさに温浴施設のそれ、である。しかもコロナ禍の影響で宿泊客がそれほど多くないのか、混雑していないので（混雑状況はなんと部屋のテレビから確認できる）、本当にゆったりのんびりお風呂を楽しめた。緊急事態宣言が出ていなかったら、今ごろ、屋台で3杯目のラーメンをすすっていたはずで、コロナ禍だからこそ味わえた贅沢な時間の使い方でもある。

さて、人間の体とは不思議なもので、ラーメンでお腹はいっぱいになっていたはずなのに、長時間、お風呂に浸かっていたら、なんとなくお腹が空いてきたような感覚になる。東京にいたら味わえない「出張あるある」のひとつかもしれないが、地元の名物を貪欲に求めてしまう本能だけはしっかりと生きていた。

しかし、お店はすべて閉まっている。**でも、ドーミーインには夜鳴きそばがある！**

正直、かつては夜鳴きそばを食するのは稀だったことはすでに綴った。博多に限らず、地元のグルメに舌鼓を打つことを優先するので、たいがいお腹いっぱいだったり、夜鳴きそばの提供時間である夜23時までにホテルに戻ってきていなかったからだ。しかし、疲れが癒された今日はもう食べるしかない。

何がいいって部屋着のまま、大浴場へも夜鳴きそばを提供するレストランエリアにもブラッと移動できること。チェックインしたあとは、もうくつろぎ以外はなにもない。それがドーミーインを選ぶ最大の理由なのかもしれない。

いつもだったらコンビニにデザートを買いに行きたくなるところだが、この日は部屋の冷蔵庫にしっかり冷えたフルーツが用意されていた。おそらく、これは上位ブランドのみのサービス。ここで大事なのは「しっかり冷えた」という部分。そう、チェックインの前から冷蔵庫のスイッチがONになっているのだ。ビジネスホテルでは基本、冷蔵庫の電源は切られていて、「使う時にONにしてください」というケースが多い。それはそれでエコでいいのだが、疲れ果てて帰ってきて、うっかり電源を入れないでペットボトルを突っ込んで寝てしまい、翌朝、ぬるーくなったペットボトルに絶望したことは一度や二度ではない。そういう失敗をする可能性がここではゼロ。本当にありがたい。

熟睡して迎えた翌朝。ドーミーインのお楽しみである朝食が待っている。もはや『レストランHatago』という全国展開のレストランを利用する感覚で、全幅の信頼を寄せているのだが、ＰＲＥＭＩＵＭブランドではメニューにもさらなるお得感がある。

このホテルではそれが「もつ鍋」ということになる。朝食バイキングに並んでいるので、つまりは朝からもつ鍋食べ放題！　実は博多駅前にオープンしたとあるホテルには、地元の有名もつ鍋店がテナントに入っていて、朝食はまさにもつ鍋食べ放題。さっそく泊まって味わってきたが、満足感もあるし、有名店で味をわかっている安心感もあるのでいろんな意味でハズレなしだった。

それはそれで魅力的ではあるのだが、あくまでももつ鍋がメインディッシュ。その点、ドーミーインはさまざまなメニューがある中にもつ鍋〝も〟ある。ついつい3杯もおかわりしてしまったのだが、この出張中、時間の関係で街でもつ鍋を食べることが難しそうなので、どうしても欲張ってしまう。味覚は人それぞれなので、「あの名店よりも旨い！」とまでは断言しかねるが、朝食バイキングのメニューとしてこれ以上を望むのは難しい。リピートする理由には十分すぎるクオリティだった（この日、仕事の都合で昼食が15時ぐらいになってしまったのだが、腹持ちがいいもつ鍋をおかわりしたおかげで空腹状態にならなかったので助かった！）。

チェックアウトするまえには朝風呂を堪能。自宅でも出かけるまえにひとっ風呂するタイプなので、これはありがたい。大浴場の営業時間が長いからこそできることだ。前述のように、さらに利用時間が延びて、今では朝10時まで入れるようになったのだ。「博多まで来て、夜8時以降、一歩も外に出ない」という今までだったら考えられないような一夜だったが、おかげで疲れも取れて贅沢な時間を満喫することができた。

そして、迎えたチェックアウト。ちょっと恥ずかしかったが「実は今夜、もうひとつのほうのドーミーインに泊まるので、行き方を教えていただけますか？」とフロントで尋ねた。徒歩圏内とは聞いていたが、さすがに初めて移動するのは不安がある。普通に考えたら「なぜ博多に滞在し続けるのに、わざわざ徒歩圏内の別のホテルに移動するんだ？」という話になるので、この話をするのが恥ずかしかったわけだが、フロントの女性は丁寧に教えてくれて地図まで渡してくれた。

いくら方向音痴の自分でもこれで大丈夫だな、と思って外に出ようとすると、フロントの奥からベテランの男性が出てきて「お客さま、実は近道があるのでお教えします」と声をかけてくれた。実際に道を見ながらのほうがわかりやすい、ということでエントランスの外へと誘ってくれ「あの道ですよ」と目視しながら案内してくれた。とても血の通ったサービスだな、と感銘を受けたのだが、じつはそれが真の目的ではなかった。

「先ほどから雨が降ってきています。どうぞ、こちらをお持ちください」

そう言ってビニール傘を差し出してくれたのだ。ギリギリまでホテルライフを楽しんでいたので、空模様までは確認していなかった。気持ちは嬉しいけれど、あとで返しに来なくちゃいけないから、それは面倒だな……と一瞬、思ったけれども、「今日から泊まるのもドーミーインだから、そこで返却すればいいのか」と気がついて、ありがたくお借りした。チェックアウトを済ませた〝あと〟にここまで心配りをしてもらえると、そりゃ、やっぱり「また泊まろう」という気持ちになる。そんな気持ちに逆らうようにして筆者はもう1軒のドーミーインへと歩み始めた。

2泊目『天然温泉　御笠《みかさ》の湯　ドーミーイン博多祇園』
予想外のクラブフロアで極上のホテルライフ

教えてもらった近道と、お借りしたビニール傘のおかげで、雨に濡れることなく、ほんの数分でもう1軒のドーミーインへとたどりついた。

今日からお世話になるのは『**天然温泉 御笠の湯 ドーミーイン博多祇園**』。実はずいぶんまえに泊まったことがある。しかし、その時は仕事終わりに朝まで飲んでいたので大浴場すら味わっていない。

地下鉄の駅とバス停がホテルのすぐ近くにあり、今日から仕事で移動が多くなることがわかっていたから、あえて初日(つまり出張の前乗り日)は移動を気にしなくてもいいPREMIUMを選び、2日目以降は仕事の拠点として博多祇園の連泊をチョイスした。この日のような雨模様だと地下鉄の駅が至近距離にある、というのは大きな利点である。

とりあえずフロントに荷物だけ預けて「仕事を終えて夜8時前にはチェックインします」と伝え、仕事先へと向かった。予定どおりなら夕方6時過ぎには仕事が終わり、ホテルの近くにあるお気に入りのラーメン屋で食事をし、その流れでチェックインできる。ところがそういう時に限って、仕事は長引くもの。結局、ホテルに戻る頃には、もう夜8時半を回っていた。当然、飲食店は閉まっている。ファーストフードのテイクアウトという手段もあるが雨が降っているので、まずはチェックインしてしまいたい。こちらのドーミーインは1階にコンビニが併設されているので、とりあえずお弁当やお惣菜《そうざい》、そして飲み物を買い込んでおく。まさか、この時点ではここで買った飲み物がチェックアウトするまで冷蔵庫に残るとは思ってもいなかった。

チェックインのためにフロントに行くと、朝、預けた荷物はすでに部屋に運んでくれているとのこと。そういえば今朝、そうしておいてくださいとお願いしていたっけ。3泊4日分の旅装とパソコン一式だから、けっこう重たい。ヘトヘトになって戻ってきたから、これはありがたい。

そして、お腹が空いたので部屋に入るまえに夜鳴きそばへ直行。外食がままならないタイミングで、これは本当に救われた気分。コンビニ弁当だけでは味気ないけど、この一杯だけでグッと潤いが増す。温まるなぁ〜。

ちなみにこの日はスマホから旅行代理店の「お部屋タイプおまかせプラン」を予約していた。どの部屋になるかはチェックインしてからのお楽しみ、というシステム。とはいえ、大半の人が予約するであろう「禁煙シングル」は最低限、保証されるから、もしその部屋に通されても損はしないし、グレードアップしてもらえていたらラッキー。けっこういろんなホテルでこのプランをチョイスするが、後悔したことはほとんどない。

部屋番号から最上階であることはわかったが、エレベーターを降りると、そこにはなんと「クラブフロア」の文字が。えっ、最上階かつクラブフロア？　というか、ドーミーインでクラブフロアに泊まったことがないから、どんな特典があるのかわからない。ＰＲＥＭＩＵＭと通常のドーミーインの違いを体感しようと思って泊まり歩いたのだが、これは予想を上回るまさかの展開だ。

部屋に入ると広めのツインルーム。それよりも目を引かれたのがエレベーターの前にあった「クラブフロアご宿泊者専用ラウンジ」の存在。部屋着に着替えて、とりあえず向かってみたのだが、そこには立派なマッサージチェアが2台も！　一般的な温浴施設などで使用するとお金を取られるが、もちろんドーミーインだから無料！　さらにコーヒー、紅茶、煎茶といったホットドリンクに加え、冷たいウーロン茶とオレンジジュースまで無料！　別に係の人がいるわけではなくセルフサービスなのだが、24時間使用できるという。2泊する自分にとっては、相当、使い勝手がいいし、買っておいた飲み物は必要なかったほどだ。

さっそくマッサージチェアを利用する。よくあるのが、マッサージチェアが1台しかなくてなかなか使えなかったり、待っている人が気になってのんびりできないパターン。ただ、ここには2台あるので、その心配はない。ガチガチだった背中がほぐれたところで大浴場に行こう、とタオルを取りに一旦部屋に戻るが、よっぽど疲れていたようでそのまま熟睡。ふと目が覚めると、すでに深夜2時を回っていた。あっ、大浴場に入りそびれた……と、瞬時にガックリ。そう、大浴場付きのビジネスホテルでは深夜12時〜2時ぐらいに一旦、閉まってしまうことが多い。大浴場があるから泊まったのに入れなかった、という残念すぎる結末を何度、味わったことか。

寝ぼけているから、そんな勘違いをしてしまったが、ドーミーインは翌朝までずっと大浴場が開いているので大丈夫！　むしろこの時間だと大浴場は貸し切り状態。PREMIUMほどの贅沢さは求めていなかったが、それでもこちらもビジネスホテルの域は超えた施設である。マッサージチェアと大浴場のコンボは出張の疲れを癒す最強のバッテリー。朝までぐっすりはもう保証されたようなものだ。

迎えた翌朝。PREMIUMではもつ鍋がご当地メニューだったが、こちらでは同じく博多名物の「水炊き」がご当地逸品料理として用意されていた。もつ鍋と水炊きはどちらも人気の定番メニューなので、とても喜ばしいし、緊急事態宣言中なのでせっかく博多なのに夜は早々とホテルに入っていたが、しっかりともつ鍋も水炊きも味わえる、というのはポイントが高すぎる。

3日目は想定外に仕事が早く終わり、夕方にはホテルに戻ってこられた。

実はホテルの近くにお気に入りのラーメン店がある。駅前に立つ本店にはいつも行列ができていて、1時間ぐらい並んだ経験がよみがえる。ただ、ホテルのそばの祇園店はそこまで混まないと聞いていたので、仕事が早く終わったら行こうと考えていたのだが、早い時間帯だったからなんと並びゼロでクリーミーな豚骨ラーメンを食すことができた。満足、満腹。

まだ街が賑わっている時間なので、もう少し博多を楽しんでもよかったのだが、出張も3日目となると洗濯もしたくなる。3泊4日なら4日分の着替えを持ってくれば済む話なのだが、ちょっとでも荷物は小さくしたいし、ドーミーインに泊まるとわかっているから、現地で洗濯・乾燥すればいい、となってくる。こちらのホテルでは大浴場の中に洗濯機と乾燥機が設置されていて、洗濯機は無料で使用できる（乾燥機は20分100円）。大浴場に入る前に洗濯機を回し、洗濯が終わるタイミングまでゆっくり入浴。ちなみに夜の時間帯だと、湯上りにアイスが食べられる嬉しいサービス付きだ。

風呂から出て、洗濯物を乾燥機に入れたら、ラウンジに移動。ここで乾燥が終わるまでマッサージチェアで体をほぐし、再び大浴場に戻って、乾燥機から洗濯物をピックアップしたら、もう一度、大浴場へ……まるで住んでいるかのような感覚で、まったく時間に無駄がなく、余計なストレスも感じない。明日はまた朝早くから仕事をして、そのまま飛行機で帰京する。その前に極限まで体をラクにしておきたかったので、街に出るよりホテルライフを優先した。これもまたコロナ禍ならではの出張先での過ごし方、である。博多もドーミーインもあらためて好きになった4日間だった。

3泊目『石狩の湯　ドーミーインPREMIUM札幌』コロナ禍でもやっぱり札幌名物は「最強」だった！

かつては年に一度は必ず訪れていた札幌。それがコロナ禍により、２年以上も行けないままになっていた。

札幌に行った時には「仕事でもプライベートでも必ずドーミーイン」と決めている。もっとも満室で泊まれない、ということも多々あるのだが、これぱっかりは仕方がない。

2021年10月下旬、急きょ、札幌への出張が決まった。なかなかの弾丸日程で当日の夕方に札幌入りし、翌日は午前中の便で東京へと戻らなくてはいけない。フライト時間から逆算すると、朝9時半にはホテルを出る必要がある。空港に向かう時間を考えると、朝食は絶対にホテルで済ませてしまったほうがいい。そうであるなら、ますますドーミーインしかないだろう。

じつはここ数年、札幌のホテルでは「朝食戦争」が起きている。どのホテルも朝食にかなり力を入れていて、贅沢な話だが、多くが海鮮を目玉商品にしているのだ。筆者が札幌のドーミーインにこだわる理由のひとつは朝食バイキングで豪華なセルフ海鮮丼が作れるから。ドーミーインの朝食に出会うまでは二条市場などに出かけて、そこで海鮮丼を食べるのが定番になっていたが、ドーミーインの海鮮丼を知ってしまってからは「市場と同じレベルじゃん！」となった。

朝食バイキングは２０００円と少し値が張るが、市場でお腹いっぱい海鮮丼を食べようと思ったら、もっとお金がかかる。しかも冬だと市場に行くまで寒い。観光で来ているのだったら、その寒さすら楽しんでしまえるが、仕事で来ていて、しかも飛行機の時間が迫っているとなれば、ホテルから出ないで満腹になったほうが絶対にいいに決まっているではないか。

しかし、ひとつ、問題が生じてしまった。出発直前になってクライアントの担当から連絡があり、「経理部からちょっと宿泊費が高いので他のホテルにしてくれないかという注文がついてしまった」と言うのだ。

その理由も理解できる。２０２０年以降、コロナ禍で札幌は観光客が激減している。海外からのお客さんは事実上、ゼロに近いし、国内での移動も憚《はばか》られるような状況では仕方のないことだが、かなり名前の知られているホテルまで宿泊料を３０００円台まで下げてきていた。この出張の時点では緊急事態宣言は解除されていたが、オフシーズンであることもあり安値傾向は続いていた。

決してドーミーインだけがべらぼうに高いというわけではないのだが、極端な値下げ施策を打ってこなかったので（その理由は3章にて）、どうしても高めに感じられてしまう。妥協案として素泊まりで予約を取り直し、それで経理担当には納得してもらった。

つまり「朝食バイキングは自腹で払う」ということで決着したのだ。どうせ市場に食べに行く場合も自腹になるわけで、今後も出張でドーミーインを使い続けるためにも「そんなに高くないですよ」と印象づけておかなくてはいけない。いや、実際にコストパフォーマンスを考えたら、めちゃくちゃ安いのだが、経理の方々は出張に行かないから、なかなかその感覚をわかってもらえないのが、なんとも歯がゆい。

夕方に札幌に入ると、そのまま大通公園界隈《かいわい》で打ち合わせ。時間もないので同じビルの中にあるお店でラムしゃぶを食したら、もう夜11時近くになっていた。コロナ前だったら、このまま老舗のジンギスカン屋に向かい、さらに締めのラーメンをすすってからホテルに戻るのだが、すでにジンギスカン屋はオーダーストップしているとのこと。いかに緊急事態宣言が解除されているとはいえ、まだ完全に街が動き出したわけではない。残念だな、と思いつつも、「あぁ、ドーミーインの夜鳴きそばにも間に合わない」と気がつき、さらにがっかりした。

そんな折、打ち合わせをしていた地元企業の方が「ホテルまでタクシーに同乗しますか？」と声をかけてくれたのだが、「いえ、狸小路《たぬきこうじ》に泊まっているので歩いていきます」と返答すると、**「あぁ、ドーミーインですか。あそこは間違いないってみんな言いますよね」**と間髪入れず返ってきた。

地元の方なのでさすがに泊まったことはないそうだが、東京からの訪問者の多くが利用している、という。伝聞という形で地元の人たちに知ってもらえているのは、とても意義のあることだと思う。

お目当ての札幌のドーミーインは狸小路というアーケードの中にあり、近くまで来れば、ホテルまでの道のりにはずっと屋根があるので天候が悪くても安心だ。コロナ以前から札幌には不況の風が吹き荒れていて、アーケード内の店舗もけっこう閉店してしまったり、入れ替わったりしているが、ドーミーインの灯だけは、ずっと温かくアーケードを照らしてくれている。

ちなみにアーケード内の道を挟んで**『狸の湯　ドーミーイン札幌ANNEX』**と**『石狩の湯　ドーミーインPREMIUM札幌』**が向かい合って建っているのだが、

NewsCrunch編集部の面々はＰＲＥＭＩＵＭにしか泊まったことがない。実は朝食バイキングのレストラン（ここはHatagoではなく『北の台所』という名称になっている）はＰＲＥＭＩＵＭの館内にあり、これが両ホテル共通の施設となっているから。移動しなくてもいいので、やっぱりＰＲＥＭＩＵＭを選んでしまうのだ。でも、地元の方たちも認める『ドーミーイン札幌ＡＮＮＥＸ』にもいつか泊まってみよう。

ゆったりとしたロビーに足を踏み入れると、もう、その瞬間から暖かい。札幌の建物は基本、暖房がしっかりしているが、ドーミーインの場合は大浴場を連想させるような暖かさを感じて、「あぁ、これからゆっくりできるな」という意味でもホッとするのだ。

チェックインをしていると「明日の朝食は大変、混雑します」という表示が目に飛び込んできた。フロントの方に聞いてみると「ほぼ満室のご予約をいただいておりまして……」とのこと。街の賑わいは深夜までは続かないが、こうしてドーミーインは満室状態になっている。アフター・コロナの新世界が地方都市でも着々と見え始めている。

こうなったら並ばずに朝食を食べられるようにオープンと同時に入店しよう。早い時間に食べれば、空港に着く頃にはラーメンを食べられるぐらいには小腹が空いているだろう。今日は夜鳴きそばを食べそこなってしまったので、なんだか食べないで東京に帰るのが悔しくなってきていた。そうと決まったら、パッと大浴場に入って早く寝よう。

翌朝。あまりの快適さゆえにうっかり寝過ごして、レストランの開店時間に5分ほど遅れてしまった。すでにレストランの前にはソーシャルディスタンスを保ちながら待っているお客さんの姿があった。同じことを考えている人がたくさんいたのだろう。館内着のまま身軽に並んでいると、幸いにも、さほど待たずに席へと通された。

もちろん、まずは海鮮丼から！　なにが嬉しいって、ちゃんと酢飯が用意されていること。これで海鮮丼の味がグッと締まるのだ。わかっているなぁ〜。

食べ放題なのだから、ちゃんとペースを考えて、少ない盛りつけで何回かおかわりすればいいのだが、やっぱり目の前にイクラがドーンと積まれていると、ついつい山盛りにしたくなるのが食いしん坊の悲しい性《さが》。このスペシャル感がたまらない。

イクラ、サーモン、マグロ、甘エビ、イカ、ニシン、ネギトロ——すべて盛り放題。せっかくだから写真を撮ろうと思っていたのだが、私の後ろにもお客さんが並んでいるので、さすがにそれは気が引けて断念。しかし朝6時台からこの熱気！　やっぱり札幌に来たら、これを体感しないと損をしていますよ、皆さん。味気ない出張が、まるで観光名所にやってきたかのような高揚感に包まれますから。

結局、海鮮丼だけで3杯もおかわりしてしまったが、それ以外の料理も美味しいから、海鮮丼を白飯がわりにおかずを満喫する、という構図になる。個人的なおすすめは、味噌汁の代わりにスープカレー。もちろん具沢山の味噌汁も見逃せない。しかも北海道ではおなじみの乳酸飲料『カツゲン』まで飲める！

前夜、足を運べなかったジンギスカンまでちゃんとあるし、魚や貝類が網に乗せられ、焙《あぶ》られているかのように並べられているのも目に優しい。

こうなると全メニューを制覇したくなるが、メニューはデザートなども合わせると約80種類あるので、さすがに不可能。こんなに幸せな朝食、なかなか味わえるものではない。**コロナ禍でもドーミーイン札幌の朝食はやはり最強だった！**

レストランは6時半にオープンなので、7時過ぎには食べ終わる。まだ出発まで2時間以上あるので、その時間を利用して大浴場を満喫する。夜もいいけれど、天気のいい朝の露天風呂はまた格別。もちろん寒いんだけれど、それがまた「今、札幌にいる！」

と実感できて、さらに満足度がアップする。年に一回は泊まって、全身が生き返る感覚をぜひ味わい続けたいところだ。

チェックアウト後、ホテルから地下鉄の駅まで5分とかからない。そこから札幌駅で乗り換えて、新千歳《しんちとせ》空港へと向かうのだが、ここで大きな計算違いが生じた。

本来であれば、空港でラーメンを食べたくなるぐらい小腹が減っているはずだったが、まだ満腹状態が持続していたのだ。しまった、食べすぎた。びっくりしたのは飛行機が羽田空港に到着しても、まだ腹八分目にすらなっていなかったこと。まさに最強の朝食。

そして改めてたどり着いた結論。

札幌のドーミーインは1泊ではもったいない！

コロナ禍がもう少し落ち着いたら、プライベートで2泊3日の札幌旅行に出かけることをこの日、決意した。あとはドーミーインの予約が取れることを祈るのみだ。これがいちばん難しいかもしれないが。

4泊目『天然温泉 水都《すいと》の湯 ドーミーインPREMIUM大阪北浜』アクシデント連続の出張を救ってくれた水都の湯

２０２１年11月に大阪へ出張することとなった。日程は4泊5日。ちょっと長めの出張となるのだが、大阪はビジネスホテルの値段がかなり下がってきており、クライアント先からは1泊３０００円ちょっとのとあるホテルを指定された。

ただ安いとは言っても、まだオープンからそんなに日が経っていないので、部屋も綺麗だし、小さいながらも大浴場とサウナも備わっているという。しっかりとコインランドリーもあるそうで、4泊5日だけれども、2泊3日ぐらいの旅装で出かけた。宿泊中、2回ぐらい洗濯機を回せばなんとかなりそうだ。

ところがいきなり残念なお知らせが飛び込んできた。

チェックインの際に提示されたのが「ルールが変更となったので、お部屋の掃除は6泊目からになります」という耳を疑う言葉。えっ？　逆の話ならよく耳にする。「掃除をしなくていい」と事前に申告すればエコ割りと称して値段が少しだけ安くなったり、ペットボトルの水をプレゼントしてもらえたりするのだが、そういうプランであっても衛生上、3泊目からは清掃させていただきますよ、というケースが多い。

今回の場合、筆者は4泊「しか」しないので一度も清掃してもらえないことになる。まぁ、仕事であちこちにでかけるのでそんなに汚すことはないから、なんとかなりそうではあるし（ゴミはドアの外に出しておけば回収してくれる）、大浴場があるからユニットバスもほとんど使わないだろうけど、問題はベッドだ。シーツを4日間、替えてもらえないというのは、さすがに衛生的に不安になる。

問い合わせてみると、「条件付きで掃除もベッドメイキングもしてくれる」そうだが、それがまさかの「1泊につき、プラス1000円を支払えば、全部やります」という返答である。

ええーっ！　今回、1泊3000円ちょいで泊まっているけれども（クライアント先がすでに支払い済みなので、正確な価格まではわからない）、清掃代に別途1000円ということは実質4000円を超えてしまうではないか。しかもその1000円は個人の負担になる。

さすがに腹が立って、別のホテルに移動することも考えたが、チェックインが夜遅くになってしまったことと、大きなキャリーバッグを転がしての移動だったので、そういうわけにもいかず断念した。

これもコロナ禍における新しい形のホテルライフなのかもしれない。

ただ部屋を借りるだけ。

ホテルならではのホスピタリティーなども一切、求めない。

おそらく清掃スタッフの雇用を維持するのが大変なのだろう。海外の方を雇っていたようだし、コロナ禍で慢性的な人手不足になっているのかもしれない。

実際、人手不足なのは明らかで、フロントにはいつも1人しかいないし、替えのタオルや歯ブラシなども、ドアノブにかけておいてくれるのではなく、「毎日、フロントまで取りにきてください」とのことだ。さすがにタオルは交換してもらうが（使い終わったタオルは4泊分、部屋に置きっぱなしである）、歯ブラシや髭剃りはもう面倒くさいのでドラッグストアで購入した。その費用もすべて乗っけたら、もうそれなりの宿泊料になってしまう。

とはいえ、部屋自体は快適だし、大浴場には露天風呂まであって悪くない。これで掃除だけちゃんとやってくれたら今後の定宿にしてもいいのに、と残念な気持ちになってしまった。

そして2泊目の夜、コインランドリーを利用したのだが、これはもうドーミーインのサービスに慣れすぎてしまったのだろう。「1回300円」の表示に「あぁ……」とテンションが下がってしまった。とはいえ、勝手に無料だと思い込んでいた自分が悪い。小銭を持ち合わせていなかったので、一度、部屋に戻って財布を持ってきたのだが、いざ、コインを投入しようとして「あれっ、洗剤が投入されない」と気づく。フロントに聞くと「こちらで洗剤は販売しております」と言うではないか。

想定外の出費が積み重なっていく。これはドーミーインの快適さに慣れてしまった自分が悪いのか？　そんな中、「大阪にもう1泊してくれないか？」という連絡が入った。もともとは、チェックアウトする日の午後2時からリモート取材が入っていたが、その日の夜に大阪でもう一本、取材をしてきてほしいという追加オファーだった。

午後2時からのリモート取材というのがネックで、他のホテルに移動したとしても、この時間にはまだチェックインできない。

でも、さすがにこのホテルに延泊するという選択肢だけはなかった。

そこで電話を入れたのが**『天然温泉 水都の湯 ドーミーインPREMIUM大阪北浜』**。

歩いては移動できないけれど、地下鉄に乗れば近いし、最寄りの駅からも至近距離だ。

もちろんチェックインは午後3時なのだが、「1時間1000円を支払っていただければ、前倒しで部屋に入ることは可能」とのこと。同じ追加料金1000円でもこちらの捉え方は大きく異なる。洗濯物も再び溜まってきているし、肉体的にも精神的にもなんだか疲れてしまったので、ここはもう安定のドーミーインに頼るしかないでしょ！

リモート取材は午後2時からだが、パソコンを開いて、Wi-Fiに接続して……と考えると、5分前には部屋に入っていたい。なんなら2時間分、支払ってもいいや、と思って早めにチェックインするためにフロントへと向かったのだが、その5分間はどうやら大目に見てもらえたようだ。こういう気づかいは本当にありがたい。

それ以上にありがたいことがあった。

チェックインの手続きをしていたら、なんと自然とスマホがWi-Fiに接続されていたのだ。そう、**ドーミーインは一度どこかのホテルでWi-Fiにアクセスすると、次からはどのドーミーインに泊まっても、自動的に接続されるようになっているのだ**（『御宿《おんやど》野《の》乃《の》ブランド』だけは別アカウントになっているのでご注意を）。

　これで部屋に入ったら、すぐさまパソコンもWi-Fiにつながることが確定したわけで、めちゃくちゃスムースに仕事をスタートさせることができる。助かりました、本当に。

　その後、夜の取材まで時間があるので大浴場へ。さすがのドーミーインも、チェックイン時間の直後だとほかにお客さんがいないので、広々と貸切状態でゆったりできた。最高の贅沢だ、これは。そして、無料のマッサージ機があることも確認。この数日間で疲れ切った体を急速かつ徹底的に癒しまくる。おかげさまで夜の取材も頑張れました。もちろん洗濯機も無料で回せたことは言うまでもない。

　実は翌日、チェックアウトしたあと、部屋に忘れ物をしていたことに気づいて、慌てて戻ってくる、というさらなるアクシデントもあったのだが、とても親切に対応していただいた。いつも飲んでいる薬をベッドサイドに忘れてしまったのだが、いわゆるレジ袋のようなものに入れてあったのでゴミと判断されて捨てられていても不思議でなかった。やっぱりホテルには人と人とのつながりが必要だと痛感した大阪滞在になった。

今回はやむを得ずほかのホテルにしてしまったが、やっぱりドーミーインは最強であることも再認識できた。次からは絶対に浮気しないようにします。

5泊目『天然温泉 凌雲《りょううん》の湯 御宿 野乃 浅草』
あらたな価値観を創造するドーミーインの新ブランド

ここまで地方都市での宿泊レポートを掲載してきたが、ワニブックスNewsCrunchの編集長はここであることに気がついた。

「我々は東京を拠点として活動しているから、どうしても東京発地方行きでものごとを考えてしまいがちだが、本当は地方から東京に出張してくる人の数のほうが多いのではないか？　この本にはその目線が足りていないのでは？」

たしかにそのとおりである。筆者も都内のドーミーインといえば、中目黒にある『ドーミーインEXPRESS目黒青葉台』しか利用したことがない。終電を逃した時に何度か泊まったのだが、ここは文字通りのEXPRESS（急行）ブランドということで、ドーミーイン名物の朝食バイキングもなかった。なるほど、本を出すのであればたしかに一度、しっかりと都内のドーミーインを体感しておく必要はありそうだ。

そこで11月のある３日間、「都内の３か所のドーミーインをチョイスして、それぞれ朝食付きプランで泊まり歩く」という都内在住者としては、ある意味、贅沢すぎる体験をすることとなった。

この３日間、筆者は都内で朝から取材が入っており、チェックインできるのは連日、夜遅めになる。中には取材場所からホテルに向かうよりも、自宅に帰ったほうが近い、という場所もあり、なんだか不思議な気分になったが、あくまでも「東京に出張で来た」設定に入り込まなくてはいけない。

１泊目は浅草にある**『天然温泉 凌雲の湯 御宿 野乃 浅草』**だ。

野乃はドーミーインでは上位にあたるブランドだが、筆者はこのブランドのホテルに泊まったことがない。ちなみに公式ＨＰには「観光・ビジネスの拠点に最適な立地。全館畳敷きの爽快感、和風の柔らかさと艶やかさを持った【現代の旅籠《はたご》】として、日本を感じる旅のお手伝いをいたします」と書かれている。これは非常に楽しみだ。

さて、仕事を終えて浅草に到着したのは夜10時過ぎ。スマホで検索すると「地下鉄銀座線・浅草駅」より徒歩約8分とある。もっと近いのはつくばエクスプレスの浅草駅でこちらからはわずか徒歩約4分。今回は、仕事をしていた場所からのアクセスの都合上、地下鉄銀座線を利用したが、初めての方はよりホテルに近いほうがいいかもしれない。

地図アプリを開いてナビされるがまま歩くことぴったり8分。ありました、浅草花やしきの真ん前に荘厳《そうごん》にそびえたつ野乃が。浅草花やしきは日本現存最古のローラーコースターがあることで有名な遊園地で、目印としては最適。スマホのナビでは花やしきと設定したほうがすんなり見つかるかもしれない。

さっそくチェックイン。和風テイストのホテルで館内に入る前に靴を脱いで、そのまま下足入れに預ける。まさに旅館そのものだ。

その後は館内を素足で歩くことになる。フロント前はしっかりと畳敷きになっているし、エレベーターまでの動線にもちゃんと畳が敷かれている。エレベーターの床部分も畳だ。なるほど、畳敷きの心地よさをダイレクトに感じられるし、どこまでも素足という開放感も手伝ってこれは快適かも。高揚感も加わって、気持ち的にも旅館にやってきたような気になる。

　さっそく部屋に入る。ドアからのアプローチはほかのドーミーインと同様だが、ガラガラと扉を開けると、ここにも畳が敷かれており、〝和の心〟全開である。外国人の方にとっては新鮮だろうし、日本人の方にとってはどこか懐かしい。これはまさにドーミーインの新ブランドだ。

　また、これまで世話になってきた通常のドーミーインより、家族連れやグループでの来館が多いことは、夜鳴きそばを食べに行っただけでもハッキリとわかった。浅草寺《せんそうじ》などの観光地も至近距離にあるので、その装いもその立地もまさに「現代の旅籠」。家族や友人と観光に訪れるにはうってつけだろう。ドーミーインといえば「ビジネスホテル」という印象をお持ちの方も多いだろうが、新ブランドの「野乃」はその価値観をいい意味で壊してくれる。

　朝食もバイキング形式なので、嬉しそうにご飯を食べる子供たちの笑顔が印象にのこった。美味しい料理をお上品に、というイメージなので、高齢者や女性にも喜ばれるラインナップだ。

大浴場はなんと黒湯がメインでフレッシュな印象だし、とにかく施設が新しいので気持ちがいい。とにもかくにもホテル内の環境は快適そのもの。今度はぜひプライベートで、家族と広い部屋に泊まってみたいと感じた。また一味違った印象を受けるだろう。朝早くから取材に出かけなくてはいけなかったので、この日は残念ながら朝湯を楽しむ余裕もなく、泣く泣くチェックアウト。早朝から街のあちこちに修学旅行と思しき学生たちの姿を見つけて、「あぁ、もうすぐ浅草もあの賑わいを取り戻すのかな」としみじみ思った。コロナが収束した暁には、ぜひ老若男女問わず泊まってほしい――それが初めて泊まった野乃の総括である。

ちなみに調べてみると、野乃は東京、大阪、京都、奈良、富山、石川、鳥取など全国8か所に展開していた。個人的には、大阪にオープンしたばかりの『**天然温泉 花波の湯 御宿 野乃 大阪淀屋橋**』が非常に気になる次第だ（ちなみに大阪と京都に野乃は4つある）。

さて、チェックアウト後は地下鉄で末広町《すえひろちょう》へ移動。次に泊まるドーミーインは東京メトロの末広町駅のすぐそばにあるのだ。

6泊目『すえひろの湯 ドーミーイン秋葉原』
広いお風呂が醸し出す風情はピカイチ！

都内2泊目は秋葉原。最寄りの駅は東京メトロ銀座線の末広町で、徒歩1分という近さで、浅草から地下鉄で1本。しかも、この日の取材場所はそのまま銀座線でつながっているので、とりあえず一回、末広町で降りて、連泊用の大きな荷物をフロントで預かってもらう。

こちらのドーミーインには初めて宿泊するのだが、筆者のように地方のドーミーインの贅沢な広さに慣れてしまっている人には、フロントはちょっぴりコンパクトに感じるかもしれない。あるいは前日の野乃が壮大すぎただけで、ビジネスホテルとしては接客も含めて申し分ないだろう。

その後、すぐに地下鉄に飛び乗って、仕事場へ向かう。いくつかの場所を回って、最終的には夜、水道橋駅界隈で取材。そのため、ＪＲで秋葉原駅まで行き、そこからホテルまで歩いていくことになる。

ＪＲ秋葉原駅からは電気街口を出て、徒歩約５分。秋葉原といえばアイドルやアニメの中心地であり、お店やＬＩＶＥの取材で数え切れないぐらい訪れており、たぶんホテルの前をこれまでも何度となく通っているはずなのだが、今までは気がつかなかった。そもそも秋葉原のホテルに泊まる、という発想自体がなかったので、視界に入ってこなかったのかもしれない。いずれにしてもちょっと騒がしい秋葉原の街から少し離れたエリアにあるので、終日、静かに過ごせる環境であることが嬉しい。

チェックインした時間がちょっと遅かったのと夕食を取った直後だったので、この日は珍しく夜鳴きそばをパスした。それでも「やっぱり食べようかな」と悩んだあたり、毎日でも食べたくなる絶妙な味付けなんだな、と再認識した。つまり、ドーミーインには何泊しても楽しめる、という裏返しである。

それから部屋で仕事をしていたらサウナに入るタイミングも逸してしまったが、とりあえず大浴場へ向かう。

うわぁ、広い！

『すえひろの湯　ドーミーイン秋葉原』は長きにわたり愛されているホテルであり、その経年感と広い大浴場の雰囲気が絶妙にマッチして、とてもいいムードなのだ。

そして、何よりも露天風呂が広いのが大きな特長だ。「えっ、いま自分、東京のど真ん中にいるんだよな？」と思わず不思議な気分になってしまうほど、贅沢な空間がそこには広がっていた。

秋葉原という土地柄からは、ちょっと想像がつかない広さだったので一瞬、（いい意味で）唖然としてしまったが、深夜の入浴ということでほかにほとんどお客さんがいなかったため、さらにその広さが際立った。都心でこのスケールを確保できるのは本当に素晴らしい企業努力だと思う。

地下鉄に乗れば渋谷まで一本だし、ＪＲ秋葉原駅まで出れば、山手線に乗れるので、都内のどこでもアクセスしやすい立地。これは東京への出張時の拠点として、かなり使えるホテルではないだろうか？

というか、都内で仕事をしていて、万が一、終電に乗り遅れそうなタイミングになったら、ぜひともお世話になりたい、と感じるレベルだった。それだけ広くて風情のある露天風呂というのは魅力的だし、次はもっと早くチェックインして、サウナを満喫してからの露天風呂での外気浴もしっかり味わってみたい、と思った次第である。

ドーミーインに泊まってみると「あぁ、このまま連泊したい」とか「今度、このあたりに来る時にはまた泊まりたい」と思うことが、ほかのホテルと比べて、異様に多いのだが、まさにリピーター製造機！

その感覚を都内でも味わえるとは、ちょっと意外だったし、東京への出張が多い方がなんだか羨ましくなってきた。

朝食のラインナップはオーソドックスな印象だが、言葉を変えれば安定の品ぞろえ豊富なバイキング。それゆえ物足りなさはちっとも感じない。

残念ながら、この日も朝早くから取材が入っていたので、朝食後、いそいそとチェックアウト。11時までゆっくりできるのに、なんとももったいない話だが、こればっかりは仕方がない。地方から仕事で、あるいは観光で訪れる方には、ぜひ時間を気にせず過ごしてほしい。

それも駅まで1分という立地がなせる業《わざ》。やはり心強い！

7泊目『天然温泉 豊穣《ほうじょう》の湯 ドーミーイン池袋』最新のドーミーインはパーフェクトのひとこと！

都内泊まり歩きのフィナーレは『天然温泉　豊穣の湯　ドーミーイン池袋』だ。このホテルは2021年3月にオープンしたばかりで、宿泊した時点では都内でもっとも新しいドーミーインとなる。

当日は朝の仕事が早すぎて、一度、荷物も預ける余裕もなかったので、夕方に取材を終えたタイミングでチェックインすることになった。

実はこのホテル、オープン時からすごく気になっていた。

というのも、これまで新築ピカピカのドーミーインに泊まったことがないので、「一度、泊まってみようかな」と密かに画策していたからだ。緊急事態宣言と丸被りになってしまって、なかなか宿泊するタイミングがなかったのだが、コロナ禍でオープンした店舗としても、その在り方にとても興味があった。

ただ、宿泊への一歩が踏み出せなかったのは、その立地にある。

池袋には仕事でもプライベートでもよく行くのだが、『天然温泉 豊穣の湯 ドーミーイン池袋』は駅から見てサンシャインシティのちょっと先に位置する。つまりその手前で食事、買い物、水族館や映画などの娯楽は完結してしまうのだ。

ただ、逆に考えれば、大都会の宿泊場所としては最適ではないだろうか。なぜなら、池袋の駅周辺はよく言えばにぎやか……悪く言えば人が多すぎるからだ。「駅チカのホテルは疲れる」という人は意外に多いし、コロナ禍で密を避けたり、仕事の疲れを癒すには、ちょっと喧騒《けんそう》からは離れたほうがいい。さらに、サンシャインシティからすぐに建っているわけで、観光にはうってつけだろう。

今回、この本の企画が持ち上がった時には、すでにオープンから8か月が経過していたが、NewsCrunchの編集長からも「ぜひドーミーイン池袋に泊まってきてください」と言われていた。ちょうど原宿での取材が決まっていた日なので、山手線沿線に泊まるのは必然性がある。もし、自分が都内の地理に詳しくなかったら、原宿で仕事があるなら山手線でひと駅の渋谷に泊まらなくてはと思ってしまっていたんだろうなぁ。原宿から池袋も電車で10分ぐらいなのに……こういう感じで地方出張の際、自分の尺度でホテルを選んでしまっていたのかな、と今回あらためて考えさせられた。

公式サイトによると、『天然温泉 豊穣の湯 ドーミーイン池袋』の場所はＪＲ池袋駅35番出口から徒歩約９分。改札口から35番出口まで、ちょっと歩くので、電車を降りてからの体感時間はもうちょっと長く感じるかもしれないが、途中、池袋駅東口界隈で食事や買い物をするならストレスはないだろう。

ホテルに近づくと、いい意味で池袋という感じは薄れる。大きな建物もなく、かなり静かな印象だ。駅から見て、ホテルの手前にコンビニがあったので、そこで飲み物などを買って、チェックイン後に外出しなくてもいいように整える。館内着に袖を通したあとは、なるべく、そのままホテル内で過ごしたいのだ。

チェックインしたあと、まずは大浴場へ。部屋へと上がる前に気になる貼り紙を見つけてしまったからだ。

「ポカリ飲み放題」

なんと、サウナを利用するお客さんにポカリスエットのサービスを行っているのだという。予想していなかったサービスだが、ここまでの２日間、チェックインのタイミングが遅くて、あまり大浴場を堪能していなかったので、とにかくゆったりしたかった。

ホテルが新築だから、当然、大浴場も新しくて綺麗だ。そして、大浴場の片隅にポカリスエットのサーバーを発見した。「昔、部活でこういうの使っていたな」という懐かしさがよみがえる筐体《きょうたい》だ。おそらくホテルスタッフが粉末を溶かして、何度もサーバーにポカリを補充しているのだろう。備え付けの紙コップでいくらでも飲めるシステムは非常に画期的である。

サウナに入って、汗をたっぷりかいて、ポカリを飲んで、外気浴をして。

これは相当、至福の時間だった。ととのった！

ちなみに浴室に流れているＢＧＭがどこかで聞いたことのある楽曲だな、と思ったらアニメ主題歌のオルゴールバージョンをエンドレスで流している、とのこと。実は池袋は知る人ぞ知る、アニメの新聖地（男性より、むしろ女性ファンが訪れる街）である。そういえば湯あがり場の漫画コーナーにも、これでもか、とアニメキャラクターのフィギュアが展示されていた。

これは面白いアプローチである。オルゴールバージョンならとても癒されるので、アニメに興味がない人にも決して邪魔にはならない。

たっぷりと大浴場を満喫したら、ちょっと小腹が空いてきたのでレストランへ。2日ぶりに夜鳴きそばをいただこう。

この日は夜10時を回っており、なかなかお客さんが多い時間帯。数名ながら待ちができていたので最後尾に並んでいると、前のお客さんが聞きなれない言葉を口にした。


「夜鳴きそば、大盛りで」


今までそんなことを考えたことがなかったのでちょっとビックリしたが、厨房のスタッフも「麺二玉《ふた》ですね」と普通に対応している。あぁ、こんなオーダーの方法もあるのか……思わず筆者も「じゃあ、僕も大盛りでお願いします」と伝えた。初めて体験する夜鳴きそばの大盛り、というか、そもそもがハーフサイズで提供されているので、大盛りといってもラーメンとしては普通サイズ、ということになる。

自分で頼んでおいて本末転倒だが、お腹が減って仕方ないなら大盛りもいいかもしれないけれど、やっぱり夜鳴きそばはハーフサイズがちょうどいい。そのあたりもドーミーインはとことん研究してきた上での提供に違いない。

ここでちょっとした発見があった。

夜鳴きそばが提供されているのは明日の朝食会場なのだが、カウンター席で食べていたら、イス一脚につきひとつずつコンセントとＵＳＢの充電口があるではないか。つまり、明日の朝食にスマホとケーブルを持ってくれば充電しながら食事ができる！　これぞまさしく「かゆいところに手が届く」ドーミーインの神髄ではないか。

そして、朝食。ホームページなどで宣伝されていたご当地メニューは、今流行りの「町中華」。朝からチャーハンや餃子という異色というか前代未聞のラインナップで、ここもさすがドーミーイン。ニンニク抜きだったり、チーズがトッピングされていたりという朝ならではの餃子も取り揃えてあったが、今日はこのままオフなので遠慮なくニンニク入り餃子をいただく。

だが、じつはこれがすべてではなかった。ほかにもボリューミーで魅力的なメニューがたくさんあって、一周目からお盆に乗り切らないほど（町中華がメインだと思い込んでいて、最初に乗せすぎました……）。これぞみんなが期待するドーミーイン名物のパワーモーニング。想定以上の満足度、ごちそうさまでした！

さて、10時ギリギリに大浴場に行けば空いているかな、と思ったものの、そこそこ混んでいた。それもそのはず、11時のチェックアウト時にはフロント前に行列ができるほど、みなさん、時間ギリギリまでドーミーインを楽しんでいた。

泊まってみればまさに〝楽園〟。心底、「ここに住みたい！」と思えるレベルなので、新規オープンのドーミーインは要チェック！

8泊目『天然温泉 加賀の宝泉《ほうせん》 御宿 野乃 金沢』女性ライターが一夜にして魅了された秘密

最後は女性ライターによる金沢の宿泊レポートと、昨年11月にNewsCrunchで配信して好評を博した女性ビギナー向けレポート2本を続けて掲載したい。

近年、ドーミーインには確実に女性と子供たちの姿が増えたが、「魅力は朝食かな？」とか「お風呂かな？」と予想はできても、男性からは本当の理由はわかっていなかった。

何度なくドーミーインに泊まってきた男性ライターたちのレポートとは違い、そこには新鮮な驚きの目線や、男性には気づくことのできない細かい部分に対する言及もある。よくよく考えたら、男性ライターは女湯エリアには入れないし、美容に無頓着な人が多い。女性ライターによるレポートは必須だった。ここまでの描写とはひと味ちがうテイストでドーミーインの神髄を味わっていただきたい。

女性満足度随一！　ドーミーインの和風プレミアムブランドがスゴかった！

長引くコロナ禍のせいで、旅をしなくなってずいぶん経つ。今年の夏以降は徐々に地方に出張をする機会が戻ってきたものの、県をまたいでの移動には依然として厳しい目もあって、かつてのように気ままに他所に寄って観光することが憚られるようになってしまった。

そんなわけで、毎回仕事が終わったら、どこにも寄らず、すぐに東京に帰って来ていたのだが、全国の感染者が徐々に減ってきた頃、輪島に出張する機会があり、編集部から「せっかくなので帰りに金沢に寄ってゆっくりして来てください」という夢のようなオファーをいただいた。実に久々に旅の情緒を味わえることになったのだ。

向かったのは2021年の4月にオープンしたばかりの**『天然温泉 加賀の宝泉 御宿 野乃 金沢』**。全国にチェーン展開するビジネスホテル『ドーミーイン』系列の和風プレミアムホテルである。

『天然温泉 加賀の宝泉 御宿 野乃 金沢』は、ドーミーインが長年培ってきた「もてなしのノウハウ」を活かしつつ、それをさらにアップグレードさせた旅館だという。

チェックインのために館内に入ろうとすると、上がり框《がまち》があることに気がつく。この宿は全館畳敷きなので、靴を脱ぎ、それを銭湯のようなロッカー状の靴箱に入れて、館内を靴下ないしは館内履きで歩くのである。清潔で良いし、外国から来たお客さんにとっては新鮮な体験でもあるだろう。

・部屋は「モデレートダブルルーム」。部屋の床も琉球畳で、直に感じる畳の感触が気持ちいい。続いてテーブルを見ると何やらメッセージが。なんと「ウェルカムフルーツ」が冷蔵庫に置いてあるという。ウェルカムフルーツは海外のホテルでは良くあるサービスだが、日本の、しかもビジネスホテル級の宿でこのサービスを受けたことは初めてである。さらに言うと、海外のホテルではりんごもぶどうもそのままコンポートに盛ってあることが多いのだが、こちらは食べやすいカットフルーツ！　ありがたく、美味しくいただいた。

部屋のしつらいに目を向けてみる。畳の部屋ではあるが、ベッドがあり、ベンチがある。インテリアは和風だけれど、仕様は洋風。いわゆる「和モダン」だ。和のテイストは小物にも及んでおり、ＴＶとエアコンのリモコンが綺麗な和紙を貼った文庫に入れてあることにもシビれた。ベッドの枕元にあるお手玉の形をしたクッションもカワイイ。

17時過ぎになり、まずはこの宿最大の魅力である天然温泉の「大浴場」に赴いた。13階の浴場入り口には女湯に限りキーロックがあり、暗証番号を押さないと扉が開かないようになっている。大浴場は真夜中や早朝でも入ることができるので、人気《ひとけ》のない時間にこうしたセキュリティがあるのは心強い。ちなみに、大浴場と食事処の混雑状況は部屋のＴＶに表示されるので、空いている時間帯を狙って行くことができる。

かけ湯をしてまずはサウナにイン。ドーミーイン・チェーンの中でも最大級という広い内部は白木のいい香りが漂い、快適な居心地。カラッとした暑さに流れ出す汗、一日の疲れがたちどころに取れる気がする。扉を開けて外に出ると「壺風呂」という陶器の壺を浴槽にしたものや、岩で囲まれた「露天風呂」もあり開放的な雰囲気を味わうことができる。特に露天風呂の気持ちよさは格別。ビルの中にも拘わらず、上を見上げれば金沢の空が見える。この日はあいにく曇りで星は見えなかったが、しばし時間を忘れてリラックスすることができた。

髪の毛を洗おうと洗い場に戻ると、入り口にバスケットに入ったボトルが並んでいるコーナーがあった。ここでは「シャンプーバー」と称して、ワンランク上のシャンプーをＤＨＣ、クラシエ、ジュレームというメーカーから選ぶことができるのだ。ちなみに備え付けのシャンプー&コンディショナーはＰＯＬＡと、こちらもハイクオリティ。私はＤＨＣの「オリーブゴールドシャンプー」を選んで洗髪したが、いかにも良いシャンプーらしい上質の香りに気分は上々。そして泡を流す際にさらに歓喜したのは、**シャワーの水圧が高く、身体への水当たりが最高に心地よいこと**。リファ製というメーカーのシャワーヘッドだそうで、水を微細な泡にして出しているため、頭皮や肌の潤いを保ったまま洗浄することができるのだそうだ。美容に意識の高い人たちの間では「肌を美しくするシャワーヘッド」として激オシされているらしいが、納得である。

髪を乾かすドライヤーもリファ製のものを使わせてもらったが、こちらも申し分のない風量で、すぐ乾く上、髪がしっとりまとまり、使用感は抜群だった（女性大浴場には「シャンプーバー」と「リファ製ドライヤー」、男性大浴場には「ダイソン製のドライヤー」がそれぞれ備え付けられている）。

シャワーヘッドやドライヤーなど備品の性能がいいと、ホテル滞在は俄然楽しくなる。本来旅行は「非日常」を楽しむものだが、特にコロナ禍で家にいる時間が多いいまは、毎日使う道具は吟味するし、それなりにお金もかけるようになった。だからこそ、旅先で自分の家で使っているものより性能が悪いものにあたると、テンションがガタ落ちしてしまうのだ。その点ドーミーインの備品はどれもこちらの期待を上回り、使うたびにそこに込められた気遣いがわかるため、ホテルへの滞在そのものがエンターテインメントなのだという気分になってくる。

大満足でお風呂を出ると、またビックリ。なんと「湯上りサービス」としてアイスを用意してくれており、備え付けのクーラーボックスからどれでも好きなものを取って食べることができるのだ（午前中は乳酸菌飲料のサービス）。その隣には漫画がぎっしり詰まった棚と閲覧コーナーがあって、ちょっとした漫画喫茶のようになっている。読みたい漫画があれば部屋に持っていって読むことも可能。旅行中は夜の時間を持て余してしまいがちだが、こんなサービスがあれば退屈せずに済むだろう。小さな子供用に絵本がちゃんと用意されているのもいい。

また、個人的に嬉しかったのは、**ドーミーインにはタオル専用のハンガーが各室に備え付けられていること**。ビジネスホテルに限らず、大抵のホテルには使ったバスタオルをかける場所がないことが多い。バスルームのドアにあるフックに引っ掛けるか、フックがなければクローゼットのハンガーを使うか、あるいはそのまま椅子の背にかけて乾かすしかないわけだが、いずれも気持ちよく乾いたためしがない。でもドーミーインにはちゃんとタオル専用のハンガーがある！　長期滞在者のニーズを考えて備え付けたそうだが、こんな細かいところまで配慮されているなんて……いやはやまったく、ドーミーインのサービスに死角はないのだろうか。

「かゆいところに手がとどく」という言葉があるが、ドーミーインのもてなしは「かゆいところを掻いてくれ、その上に保湿クリームまで塗ってくれる」ような、こまやかで丁寧なものだ。小さな子供連れのファミリーに従業員が付き添ってサポートしている場面などはもちろんだが、全館に敷かれた畳に髪の毛一本落ちていないところや、綺麗に整頓された漫画や、種類も量も充分に用意されたアイスなど、人がいないところにも「人の努力の気配」を感じる。

せっかくの機会なので副支配人さんに話を聞いた。

「さまざまなサービスももちろんなのですが、ご満足いただいている理由はお客さまとの接し方にもあると考えております。一人一人のご要望にお応えするために、とにかく話を聞くことですね。私たちが一人のお客さまに費やす時間は、他のビジネスホテルとは圧倒的に異なります。お客さまの滞在の楽しさが、自分の対応一つで変わってしまうというのは責任も大きいですが、やりがいを感じます。どこまで尽くせるのか、ということを常に考えていますね」

副支配人さんはこうさらっとおっしゃるのだが、「どこまで尽くせるのか」って、凄い言葉である。

「当館には、『こう言われた時はこう言いなさい』とか『こうするんだよ』というような決まりは一切ないんです。毎日〝作業〟ではなく、違う場面の連続ですので。ですから正解はなくて、その都度その都度、**その場で考えて自分がどうしたいか、自分だったらどうして欲しいかということを考えるように伝えています**」

そう言って微笑む姿は、自分の仕事への矜持《きょうじ》にあふれていた。別れ際には「名物の夜鳴きそばも、ぜひ召し上がってくださいね」と言ってくださった。

「夜鳴きそば」は、毎日夜の9時半から11時頃まで、無料で食べられるドーミーインの名物。テイクアウトもできるので、部屋に持って帰っていただく。あっさりした醤油味の鶏ガラベースのスープがこの時間には優しく、量も夜食にちょうど良い。

その後、2時間ほど仕事をして就寝したのだが、このベッドがまた最高だった。最初はふわふわしていると感じたのだが、横たわっているうちに適度な硬さが背中と腰をしっかり支えてくれることに気がつく。とても好みのタイプの寝心地で、旅先でこんなに熟睡したことはない、というくらいぐっすり眠った。後で聞いたらアメリカのサータ社というメーカーのベッドだそう。リッツ・カールトンやハイアットなどでも使われているのと同じものが入っていることに驚いた。通常のベッドよりも低いのは、子供が落ちても怪我しないようにという配慮だそうだ。気遣いパーフェクト！

そして翌朝。副支配人さんが「当ホテルの自慢です」と話していた朝食は、その自信に違わず素晴らしいものだった。ドーミーインの朝食は、およそ50種類のメニューを選べるバイキング形式（現状は感染対策のためポリエチレンの手袋を要着用）。目玉は「海鮮丼」で、酢飯と普通のご飯の2種から選べるのも嬉しい。私は酢飯をチョイスして、上に甘エビとブリ、ズワイガニのほぐし身をのせた。好物のイクラはちょっと多めに盛ったが、それもバイキングの醍醐味。

それにしても、寝起きの頭には酷なほど選択肢が多い。小鉢のバラエティも豊富でどれを取ろうか迷うほどだ。私は食が細めなので、「少しずついろいろ」食べられるというのに目がないのだが、その点ここのはまさに理想の朝食と言える。

「たこの柔らか煮」にはちゃんと彩りの枝豆ものっていて見た目もきれい。目移りしながら「温泉卵」と「甘海老の昆布和え」も合わせて取った。パン食派にはスモークサーモンやパストラミビーフなどの前菜も置いてある。サラダは地物の加賀野菜をふんだんに使ったもので、こちらもたっぷり用意されている。

　卵料理を目の前で作ってくれるホテルは多いが、朝イチから揚げたての天ぷらを食べさせてくれるところはそうそうないだろう。海老と蓮根、そして能登豚をいただいた。みずみずしさを残した蓮根は天ぷらにすることによって甘みが増して最高。能登豚も旨味が濃く、実に味わい深かった。しかし朝からこれだけのものを出すのは大変なことだろう。一つ一つのクオリティが高いので、コストもかかりそうだ。

　副支配人さんは「たしかにコストの高さは問題になっているほどなんです（笑）。ですが、お客さまにはいいものを召し上がっていただきたいですし、**何より〝食は命の源〟ですので、そこは妥協してはいけないなと**。そのため食数の予測をしっかりすることで適切な量を提供し、廃棄を少なくするよう気をつけています」と話していた。ハイクオリティのサービスは、地道な努力の積み重ねで支えられている。

　ホテル滞在そのものを楽しめるドーミーインのもてなしに、すっかり魅了されてしまった私。今度は家族旅行で泊まる宿にしたいと、帰宅してから家族に撮影した館内の写真を見せ、家庭内プレゼン。朝食の写真は旅好きの友人にも送った。もしかしたら私もすでに「ドミニスタ」の仲間入りをしたかもしれない。

女性未経験者に伝えたい！　ドーミーインの知られざる魅力

ビジネスホテル「ドーミーイン」の熱心なファンやリピーターを〝ドミニスタ〟と呼ぶ。人に薦められてドミニスタになった筆者が、まだドーミーインの魅力に気づいていない人に贈る、ドーミーインのオススメポイントあれこれ！　初心者はもちろん、ドミニスタもこれを見たら、また行きたくなること間違いなし⁉

コロナ禍が落ち着いてきたこと、また、自身もワクチン接種が完了したこともあって、ここ数か月は再び出張に行くようになり、いろいろな地方を訪れている。宿泊先は自分で手配することが多いので、おもにネットで探すわけだが、どのみち夜は寝るだけだし、取材経費は安いほうがいいだろうと価格優先で選ぶのが常だった。

ところが、ひょんなことから編集部の人に「ドーミーイン」を薦められ、試しに1回泊まってみたら、サービスの手厚さにすっかり魅了され、たちどころに〝ドミニスタ〟

になってしまった私である。

全国に展開するドーミーインのセールスポイントで、有名なのは「天然温泉」「夜鳴きそばのサービス」「ご当地の名物料理を供する朝食」といったところだと思うのだが、それ以外にも細かいサービスや配慮が行き届いているのが良いところ。特に女ひとりでの出張が多い身としては、ありがたい配慮が多いのだ。

心シビレる点はいくつもあるが、その1つが備え付けのルームウェア。ビジネスホテルの部屋着といえば、生地の薄い、いかにもパジャマ然としたものが多いのだが、ドーミーインのルームウェアは厚手で上下に分かれているのがポイント。素材はポリエステルと綿の混紡なのだが、襟もいかにも部屋着的なクルーネックではなく、鎖骨が綺麗に見えるVネックで、しかもパイピングされているため、きちっとした印象を与えるのもいい。リラックスもできつつ、かつ、このまま館内を歩いたり、レストランで食事をしたりしても違和感がない。

そんな絶妙な仕様のルームウェアに着替えて、まず足を運ぶのはホテル自慢の「大浴場」。女性用大浴場はセキュリティ上の理由から、入り口の電子キーで暗証番号を押すことになっており、人気が少なくなる深夜や早朝でも安心して入浴できるよう配慮されているのがグッド・ポイント。

ちなみに、ドーミーインはセキュリティに関する意識がおしなべて高く、私は先日、うっかり自分の部屋番号を忘れて外出してしまったのだが、フロントに照会すると、対応してくださった方が他の人には聞こえないよう、とても小さな声でこっそり部屋番号を伝えてくれた。さすがの配慮と思わず唸《うな》ってしまった。

大浴場は最上階にあるパターンが多く、露天風呂を備えるところが多いのが嬉しい。もちろん、自然の中の温泉場ではないので見える景色は絶景とはいかないが、それでも開放的な気分で旅の疲れを癒すことができる。また、併設のサウナで汗を流したり、場所によっては好みのシャンプーを選んで使える「シャンプーバー」があったり、最新の美容シャワーヘッドを備えていたりと、リラックスタイムを素敵に演出するアイテムが揃っているのも最高だ。

お風呂から上がったあとは「湯上りサービス」でお好みのアイスをゲット。午前中はそれが乳酸菌飲料のサービスに変わり、爽やかな気分で1日を迎えることができるという具合だ。また、大浴場がある階には漫画の棚が設置されており、自由に読むことができる。前々から興味があった作品や話題作などを一気読みするのも楽しいだろう。ちなみに、**『天然温泉　南部の湯　ドーミーイン本八戸《ほんはちのへ》』**のラインナップは王道系中心。さらに、必ず絵本も数種類置いてあるため、小さな子供と一緒に宿泊する際も安心。部屋に持って帰ってもよいため、寝かしつけの時の読み聞かせに使えたりもする。

備品の性能が良いのも素晴らしい。

私はドーミーインに泊まった際に使ったことがきっかけで、同じパナソニックのドライヤーの上位機種を自宅用に購入した。また、先日泊まった本八戸のドーミーインでは、部屋に備え付けのドライヤーが洗面台に直置きという無粋な状態じゃなく、カゴに入っていたのがポイント高かった（これは同じドーミーインでも地方によって異なり、巾着袋に入っていたりする場合もあるが、コードをきれいにたたんで袋に戻し入れるのは少し面倒なので、カゴのほうがありがたい）。

ちなみに、次にベッドを買い換える時には「サータ社」にすると決めている。これも、以前に泊まった『天然温泉　加賀の宝泉　御宿　野乃　金沢』でのベッドの寝心地が抜群だったからだ。

また、個人的に絶賛したいポイントは、ドーミーインにはバスタオル専用のハンガーがあること。引き戸にハンガーが付いている場合もあるし、独立したハンガーが備え付けられている場合もある。もともとは長期滞在者用に付けたものだそうだが、ドーミーインに泊まる時は複数回お風呂に入ることも多いので、タオルがしっかり乾くことは重要なのだ。

ソフト面でのサービスとしては、夜の9時〜11時頃まで（時間は施設によって異なる）「夜鳴きそば」の無料提供がある。あっさり醤油味のスープは、昔ながらの中華そばを思わせる親しみやすい味わい。具はネギとメンマとあおさのりで、十五夜など、お月見の日には卵がのることもあるようだ。

小腹を満たすのにちょうど良い量なので、私などは出張の晩はこれを夕食の代わりにしてしまうこともある。少し物足りないくらいがちょうど良い。なぜならドーミーインの本領は朝食にあるからである。

そう、本八戸の場合は、八戸名物の「せんべい汁」と、名産のホタテを炊き込んだご飯、そしてこれまた名産のイカをミンチ状にして揚げたイカボールがあり、いずれもスモールポーションでいろいろ食べられるようになっていた。ちなみに、イカは刺身も用意されており、朝から新鮮な刺身を味わう贅沢を楽しむことができた。

また、名古屋・栄の朝食は「味噌カツ」「ひつまぶし」「小倉トースト」「きしめん」など、〝朝食〟という概念に囚《とら》われずに名古屋の名物を一通り食べられるラインナップであった。観光旅行ならば本格的な店に行って食べるのが良いのだろうが、出張のような短い時間の滞在なら、これらを少しずつ味わえるのはとてもありがたい。

また、女性ひとり、あるいは小さい子供と一緒の旅でも、ポーションが小さい料理を少しずつ食べられるのは好都合。しかも手軽で気楽、なによりコスパがいい、と良いことずくめなのだ。ドーミーインの朝食バイキングは、宿泊者以外でも事前予約すれば食べることが可能なので、まずは一度体験してみてほしい（ただし、混雑時は朝食のみの予約が取れない場合があるとのこと）。

朝食が目玉なだけに、この時間帯のレストランには多くの人が足を運ぶのだが、レストランおよび大浴場の混雑状況は、部屋のＴＶモニターで把握することができるため、混雑を避けて利用することが可能なので便利。コロナ禍では特にありがたい。

徹頭徹尾、宿泊客の身になったドーミーインのもてなしは、何度泊まっても細かな気遣いへの新たな発見がある。**出張ばかりでなく、今度は家族旅行でも使いたいな、と思っているほどだ。**

というわけで全8棟のドーミーインの宿泊レビューを読んでいただいた。が、ここで終わってしまったら意味がない。

我々はこの経験から生じたたくさんの質問を抱えて、ドーミーインの本社スタッフさんたちへの直撃取材を試みた。詳しくは次の章にて！

第3章　ドーミーインへの素朴な疑問について本社の人に聞いてみた

――朝食って赤字じゃないですか？

ドーミーインに関する「長年の疑問」を解明する

本書の出版にあたって、どうしても欠かせなかったのは現場の声、すなわち、ドーミーインの経営側の声である。

最初はあくまでも我々が第三者の目線であーだこーだと語るだけの一冊にしようとも考えていたのだが、あらためてさまざまな土地のドーミーインに「泊まり直し」の旅を続けているうちに、今までは見えてこなかった魅力も見えてきた。結果、我々の推測で終わらせず、しっかりと運営サイドに確認したい、と思った次第だ。

ホテルのサービスに対する評価は非常に難しい。

これがラーメンだったら、食べる側も原価などがなんとなくわかるし、これでは高いとか、この量でこの値段はお得だ、と批評を加えることができる。

ただ、ホテルの宿泊料金というのは、そんなに単純なものではない。

繁忙期と閑散期、もっといえば平日と週末では料金設定が変わってくるし、朝食ひとつとっても、たくさん食べる我々のような出張族と、朝食を食べる習慣があまりない人とでは評価が相当、変わってくるだろう。

そして、結局のところ、ユーザーとしては「もっと安く」「もっと快適に」という部分を一方的に求めてしまいがちだ。

どれだけ経費や手間ひまがかかっているのかわからないから、余計にそういう傾向になってしまう。

だからこそ、ホテル側の意見や苦労も知りたいので、「あれはどうなっているのか？」という疑問や、みんなを虜にする数々のサービスの裏話などについて、ドーミーインを運営する共立メンテナンス本社スタッフさんに直接聞いてみた。

そこで、この第3章では取材に応じてくださった共立メンテナンスの本社の方々の証言を基に、ドーミーインのルーツから、最新のサービスに至るまで詳しく解説し、続く第4章ではこれから先のドーミーインの進む先についても言及していこうと思う。

コロナ禍における旅行業界のリアル、ホテル業界の在り方という意味でも、この章は２０２２年の貴重な記録になるだろう。

ドーミーインに「住みたくなる」理由

ドーミーインの1号店は埼玉県にあった『ドーミーインEXPRESS草加《そうか》City』。

「まさにここがドーミーインの出発点。2023年でホテル事業がスタートしてから30年ということになりますね」

そう、ドーミーインを運営する『株式会社共立メンテナンス』は、もともとホテルをメインとした会社ではなかった。

「主幹事業は寮でした。ドーミーインは『社員寮を出張で使いたい』という声から始まった事業です。ドーミーインというホテル名も、弊社が運営する寮のブランド名『ドーミー』に、ホテルチェーンでよく使われている〝イン〟をプラスした造語です」

当時から「寮を運営する会社がホテル業界に進出」ということで話題になっていたが、筆者は学生寮にも社員寮にも住んだことがないので、あまりピンと来ていなかった。それがホテル運営にどう影響するのだろうか、と。

だが、ドーミーインによく泊まるようになり、ほかのホテルチェーンとのサービスの違いなどを感じていくうちに、寮生活について調べてみて、あぁ、なるほど、とドーミーインの**「泊まり心地の良さ」**の秘密を垣間見たような気がした。

先ほど、「社員寮を出張で使いたい」というフレーズがあった。それこそドーミーイン誕生の原点なわけだが、現在でも共立メンテナンスが運営する社員寮である『ドーミー』のニーズも高まり続けている。

社員寮『ドーミー』では寮長・寮母が常駐し、自社の管理栄養士が監修する朝食と夕食を、寮の厨房で手作りして提供。部屋には家具が備え付けられ、Wi-Fiも完備。大浴場や無料で使える洗濯機もあり、中にはサウナが付いている寮もあるとのこと……これは羨ましい。

しかも一人暮らしで面倒なのは自炊・掃除・宅配の再配達、不安なのは病気・治安・修理などだが、それらが解消されることで心身ともに健康的でモチベーションの高い毎日を過ごせる——あれ？　これってまさにドーミーインのサービスがギュッと詰まっているではないか！

現在、『ドーミー』は全国に約５００棟以上を展開。学生寮としても使用されており、実際に「住んでいる」人がこれだけの数いるわけで、ホテルを運営しているだけでは構築できないノウハウが蓄積されていくことがわかる。

「ドーミーインが始まった当初は、寮として使用しようと考えていた物件の転用がベースになっていたようです。それがほかのホテルとはちょっと違った部屋の間取りにつながっているんですね」

『ドーミー』を利用しているのは学生たち、また建築業界、IT業界、金融業界、サービス業界に勤務する社会人など多岐にわたるが、多くの人が「まるで実家に住んでいるような安心感をおぼえる」という感想を残している。これもまたドーミーインに宿泊している時に感じる「このまま連泊したい」とか「いっそのこと住んでしまいたい」という想いに相通ずるものがある。

寮がルーツ、という異色のバックボーンは、新しいホテルの価値観を生み出す大きな理由のひとつになっていた。

夜鳴きそばの提供に込められたドーミーインの想い

ドーミーインならではのサービスとして定着している夜鳴きそば。夜遅めの時間帯に宿泊者に無料で振舞われる温かいラーメンは、心と体に染みる味わいである。

「これは創業者のこだわりから生まれたサービスです。今やさまざまなお客さまにご利用いただくようになったドーミーインですが、もともとは出張するビジネスマンのためのホテルでした。仕事を終えてホテルに戻っても、部屋にこもったままおひとりで過ごすのが以前のパターンでした。そこで簡単なお夜食を提供することで、〝部屋を出て、スタッフやそこに居合わせた人々と、ほんのひと時でも会話を楽しむきっかけになるのでは？〟と私たちは考えたのです。

つまり、**食事そのものというより、人と人とのふれあいの〝場〟の提供です。**その夜食という提供シーンに合うメニューとして考えられたのが、万人に受け入れられるラーメン、すなわち〝夜鳴きそば〟でした。ドーミーインの夜鳴きそばの提供の裏には、そんな想いがあったのです。

味にもこだわりがありまして、ずっと変わらないと思われている方もいらっしゃるかもしれませんが、日々、よりよいものになるよう考えています。極端な話をすれば〝本当にしょうゆ味でいいのか？〟という論議もよくしています。昔からご利用している方ならおわかりになると思うんですが、過去にはチャーシューが乗っていたこともありますし、夜鳴きそばと一緒にまぜごはんを提供していたこともあったんですよ。

ただ、本来は夜遅い時間に召し上がっていただくもので、あくまでも小腹が空いてしまった方のためのサービスです。これにも理由があって、当社ではリゾートホテルも運営しており、レストランで夕食を提供するのですが、早めに夕食を済ませてしまった方はどうしても深夜に小腹が空きますし、街中にあるホテルと違って、近くに飲食店があるわけでもないので、じゃあ、レストランの厨房を使って夜鳴きそばを提供しましょう、ということになったんです。

つまり、夜食ですから、翌日に響かないように、麺は半玉、スープはあっさり、具材のほうもメンマ、のり、ネギといったものに変えていきました。ただ、ひとつひとつの具材、それこそ麺からこだわって開発していますし、全体のバランスもしっかりと考えた上で提供させていただいているのが現在の夜鳴きそばです。そして現在、夜泣きそばは、ビジネスマンだけではなく、小さなお子様連れのご家族から海外のお客さままで、文字どおり万人に愛されるドーミーインの名物へと進化しました」

なにげなく食している夜鳴きそばにここまでのこだわりがあったとは！　ただ、ひとつ気になったのは、第2章でも書いたように「大盛りでお願いします」と注文するお客さんがいて、スタッフも即座に対応していたこと。どこにも「大盛りＯＫ」という文言はないのだが、これは裏技なのだろうか？

「もちろん、そういった注文にも対応させていただいていますが、そうした表記がないのは、私共としましては大盛りを推奨していないから、という理由になります。先ほど、お話ししましたように全体のバランスを考えた上での盛り付けとなっているので、大盛りにするとそのバランスが崩れてしまうんですね。だから推奨できません、ということで、どうしてもお腹が空いて、もっと食べたいという方は、大盛りではなく、ぜひ〝おかわり〟をしていただければ、と思います。

実はリゾートホテルでは別の味の夜鳴きそばも提供しています。いずれ、それがドーミーインに登場することもあるかもしれません。フロントで配っていたカップラーメンの『ご麺なさい』は現在、提供をストップしていますが、代わりにお部屋へのテイクアウト対応をさせていただいております。もっともサービス自体を廃止したわけではなく、すでに次の準備をしています！　どうぞお楽しみに」

コロナ禍で利用者が増えたという夜鳴きそばのサービス。全国どこに行っても変わらぬ味の裏では、これだけのこだわりとさらなる進化のための研鑽《けんさん》が続けられていた。これがあったかさの秘密、である。

大浴場に対する想像を超えた「こだわり」

「ドーミーインといえば大浴場」と誰もが思い浮かべるぐらいの代名詞になっているサービスではあるが、大浴場を目当てに宿泊してくれた方が「ちょっとがっかり」と思ってしまったら、次は泊まってくれなくなる。代名詞だからこそ、これまで以上にこだわっていく必要がある。

「ひとことで言えば〝ほかにはない大浴場〟ですよね。そこは本当に徹底的にこだわっています。新規オープンする施設であれば、ほかのホテルとの差別化を図るために大浴場全体のデザインから検討します。もちろん、最優先するのは〝使い勝手〟のよさ、ですよね。いかに快適に利用していただけるかを念頭に置いて、ひとつひとつこだわっています」

本当になにげないことではあるが、ドーミーインの大浴場を利用していて、ありがたいな、と思うのは洗髪中にシャワーが勝手に止まらないこと。ホテルに限らず、温浴施設などでも「一定時間が経過するとシャワーが止まってしまう問題」は避けられない宿命のようになっているが、たとえば洗髪中にストップしてしまうと、こちらも目を開けることができないので、とても不便なのだ。止まらないうちに急いでシャンプーしてる……となると、本末転倒である。

「そういう部分に気づいていただけるのはありがたいですね。せっかくお客さまにくつろいでいただくための大浴場ですから、そういうストレスを感じさせてしまうような要素は極力、なくすように努力しています。

シャワーでいえば水圧にもこだわっています。あまりにも弱いとやはりストレスになりますし、あまり強すぎても使いにくいですよね？　ちょうどいい強さになるように細かく調整しています。

最近では『リファ』社のファインバブルのシャワーヘッドの導入を進めていまして、こちらは女性のお客さまに大変、ご好評をいただいています。シャワーだけでなく、ドライヤーも、新しい施設ではダイソン製のものをご用意させていただいています」

もはや使い勝手の良さを飛び越えて、ちょっと贅沢なリフレッシュ空間になっているのが最近のドーミーインの大浴場である。

たしかにリファ製のシャワーヘッドは女性にとってのときめき案件だし、ダイソンのドライヤーは筆者も思わず使ってしまった。そんなに美容に気をつかっていないので、これらのアイテムは自発的に購入しようとは思わないけれど（なにげにお高いものなので……）、一度は使ってみたいと誰もが思っているものではある。大型家電量販店に行けば、その場でお試しすることもできるかもしれないが、実際に入浴したり、洗髪したあとに乾かしたりする行為は、大浴場でなければ試すことはできない。そういった体験も「ちょっと得をした」感覚につながる。

「大浴場のお湯に関しては温泉地から直接、運んでいます。そうですね、コストを考えると大変ではありますが……やはり〝天然温泉〟のほうが利用される方たちも絶対に快適じゃないですか？

　そのお湯の温度に関しても1℃単位で細かく調整しています。基本的には季節によって変えるようにしています。その季節でもっとも快適に感じる温度を常に追求しています。露天風呂にしてもそうですね」

　夏限定のサービスとして嬉しかったのは「冷やしシャンプー」だ。いわゆるスースーするタイプのシャンプーが大浴場の片隅に用意されている。別の温浴施設でも見たことはあるが、そこでは夏の期間、各シャワーの下に冷やしシャンプーを用意していた。筆者はこのシャンプーが好きだからいいけれど、スースーするのが苦手な人は大変だろうな、と思っていたので、使いたい人だけが大浴場の入口でピックアップしていくスタイルも、なにげない気配りとして素晴らしいな、と感じていた。

　そして、なによりもチェックイン後はいつでも大浴場を楽しめる「夜通し営業」である。これにプラスして、最近では朝9時で終わっていた営業時間を朝10時まで拡大した。この1時間は利用客にとっては非常にありがたいが、運営する側としては清掃時間などを1時間削られることになるわけで……。

「そうですね。社内でも『本当に1時間、延ばすのか?』という論議になりましたけれども(苦笑)、そこはもうお客さまに喜んでいただければ、と。実際に『9時で終わるのは早い』という声もいただだいていましたので」

やっぱりドーミーインの大浴場は「こだわり」で満ちていたのだ!

ドーミーインに「マニュアル」は存在しない?

令和の時代になって、というよりはコロナ禍によって、ホテルの在り方というのは大きく変わりつつあるように感じている。

そのひとつに「ホテルマンとの交流が大幅に減った」ということが挙げられる。

多くのビジネスホテルチェーンでは非接触型のチェックインを推進している。事前にアプリを使って、予約とクレジットカードなどでの決済を終えてしまえば、当日はフロントの前に置かれている自動チェックイン機にスマホをタッチすればルームキーが出てくる、というシステムだ。現在の空き部屋の状況もアプリで確認できて、自分が好きな部屋を選べる機能も付いていたりするので、非常に便利ではあるが、チェックアウトの際にルームキーを用意されたボックスに返却するシステムのホテルの場合、最初から最後までホテルマンと顔すら合わせないことになってしまう。

それはそれで「あぁ、これがいまどきのスタイルなんだな」と思うしかないのだが、さすがにちょっと味気ないような気がする。

そんなこともあって、第2章で訪れたドーミーインでのフロントスタッフの対応は、とても心地よかった。特に博多での一件（63、83ページの記事を参照のこと）は、「またこのホテルに泊まりたい」と強く思わせる動機付けにもなっており、やはりホテルにおける人と人とのつながりは大事だな、と再確認させられた。

じつはこの本の編集スタッフにも、同じような体験をしている者がいた。

ずいぶん前の話になるが、北陸地方にあるドーミーインに宿泊した際、急に雨に降られて、「フロントで傘を借りたい、なんなら購入させてもらいたい」と申し入れたところ「ご用意がございません」と言われてしまったそうだ。今後はそういうサービスがあると嬉しい、という希望を伝えたところ、次に宿泊した時にはしっかりと傘のサービスがあり「たったひとりの意見がすぐさま反映されるなんて！」と大いに感銘を受けた、という。またほかのお客さんの忘れ物を届けたところ、フロントから感謝の言葉と同時にカップラーメンの『ご麺なさい』を受けとったこともある、と。

こういった話を総合して考えると、ひょっとしたらドーミーインにはきっちりとしたマニュアルはないのではないか、と思ってしまう。もちろんいい意味で。

「ちょっと待ってくださいね（と編集スタッフに北陸地方での経験談の詳しい時期を尋ねて、いろいろと調べる）。なるほど、その時期だとそれぞれの施設でのオリジナルの対応が比較的、自由にできていたかもしれませんね。

今、ドーミーインは全国で85店舗を展開しています（２０２１年12月現在）。さすがにここまでの規模になると、マニュアルと言いますか、フロントでのサービス対応に関しては最低限ルール化して、すべての施設で共有しています。ただ、その場その場の対応は個別でしているかもしれません」

マニュアルによってサービスを安定化させつつ、そこに自由度を認めることで、通り一遍の対応になることを防いでいる……どうやら統一感の中の個性の範囲で認めているようだ。すべて機械が対応しているホテルでは、この〝人間味〟はどう頑張っても出すことはできない。

その一方で難しい問題も、ここ数年で浮上している、という。これは他のホテルチェーンが非接触型のサービスを急速に進めている要因のひとつでもあるのだが、ズバリ言ってしまえば「人材不足」である。

「正直な話、人材の確保は大きな問題です。やはり、こういうご時世ですから、募集をかけても応募者の数はかなり少なくなってしまいました。

ただ、ドーミーインはこの1年で10棟ほどオープンさせているわけで、いわば毎月のように全国のどこかで新しいドーミーインができているような状況なんですね。どれだけ人材がいても困らないんですけど、なかなか集まらないという……。

オープン当初はサービスを安定させるために本部から社員を派遣しますし、ほかのエリアからも人材を投入しますが、継続して運営していくためにはパートさんを含めた現地採用が必須となってきます」

おそらく、これはコロナ禍で旅行業界全体が被っている影響だろう。緊急事態宣言などが出されて、多くの人が旅行を控えるような状況が2年近く続いてしまったことを考えると、そのダメージをもっとも受けているであろう業種に就職することや、働くことに不安をおぼえてしまっても仕方がないことだ。

徐々にではあるが元の生活に戻りつつある現在、人材確保の問題が解消されることをユーザーとしては祈るしかない。

「最強朝食」が「無料朝食」に脅威を感じている？

ドーミーインといえば朝食の評判が高く、本書でも触れた札幌の朝食バイキングはさまざまなグルメサイトでも、ビジネスホテルとしては異例の高評価を受けている。まさにビジネスホテルの常識をぶっ壊した豪華さである。ユーザーとしては安くて、旨くて、満腹になるサービスはありがたいし、だからこそドーミーインをチョイスするのだが、こうやって運営の方たちとお話をしていると、さすがに違う感情が湧いてきてしまう。

ぶっちゃけ、儲けなんて出ないですよね？

「アハハハ。そうですねぇ〜、外食産業とは原価の考え方も違ってきますので、一概にどうとは言えませんけど、**利益率は非常に低いです**。ただ本社にはメニュー開発部という部署があって、日々、新しいメニュー作りに力を入れています。もちろん各施設でご当地メニューに工夫をこらしていますし、ひとつのエリアに複数のドーミーインがある場合、ご当地メニューを変えるなどして差別化も図っています」

朝食といえば、ビジネスホテルチェーンで広がっているのが「無料朝食」というサービスだ。その多くはおにぎりやパンにサラダといった簡易的なものをセルフサービスで提供しているのだが、この流れについてドーミーインはどう考えているのだろうか？

「いわゆる簡易的な朝食の無料サービスに関しては競合しないものだと考えていますが、レストランでしっかりとしたメニューを提供して、なおかつ無料サービスを打ち出してきているケースはひとつの脅威として受け止めています。そちらにお客さまが流れてい

く可能性はありますからね」

これは朝食だけの問題ではないが、各ビジネスホテルチェーンが宿泊料金を大幅に下げるキャンペーンを展開し、それによって周囲のホテルも価格帯を下げなくてはいけない、という現象が起きている。

そんな中、積極的な値下げ施策を打ち出していないドーミーインが相対的に高く見えてしまう、というのは正直なところ。第2章でも繰り返し書いてきたが、出張経費を極力、抑えたいと考えている会社では「少しでも安いホテルを利用してほしい」という動きがすでに始まっている。

「ドーミーインとしては大幅な値下げは考えていません。それでもコロナ以前と比べれば、これでも下がってはいるんですけどね（苦笑）。正直、とあるホテルの一律3900円キャンペーンにはビックリしました。そこまでやるのか、と。ただ、ドーミーインとしてはその流れに同じような施策で対抗するのではなく、よりサービスを充実させることで、トータルで考えたら高くない、と感じていただくしかない、という考え方です」

たしかに無理に宿泊料金を下げることで、そこから悪循環が始まって、結果的にサービスが低下してしまっては意味がない。国内最大級の客室数を誇るホテルグループだからこそダイナミックな値下げができたわけで、その土俵で競うというのはたしかに得策ではない。

そもそもドーミーインが極端に安い料金プランを打ち出すことはあまりない。

「新規オープンの際に、ちょっとお得な宿泊料金を提供することはありますが、それでも大幅に値下げはしません。初めて進出するエリアだと『ドーミーインってなんですか？』という状況だったりすることもあるので、とにかく一度、泊まってみてください、という意味でオープン記念のプランをお出しすることはありますが、おかげさまで最近では知名度も上がってきたようで、そこまで意識することはなくなりました。

よく宿泊してくださる方なら気づいていただけていると思うのですが、新規オープンが決まると、その告知ポスターを館内に貼っています。すでにご利用してくださっているお客さまに対して『今度、ここにオープンしますよ。いかがですか？』とアピールするプロモーションですよね。ドーミーイン内セールスです。あとは各種ＯＴＡ（Online Travel Agent）メールマガジンで告知するぐらいでしょうか？

もちろん、近隣にある飲食店さんにはポスターなどで告知をお願いしたりします。ドーミーインにはレストランはありますけど、あくまでも朝食バイキングのための施設であって、夕食は提供していませんので、お客さまに対しても『近くにおいしいお店がたくさんありますので、そちらをお楽しみください』とオススメするスタンスです」

たしかにドーミーインの館内リーフレットには、近くのおすすめの飲食店が掲載されている。まさにホテル内サービスの向上と、近隣の飲食店との共存共栄！

あくまでもドーミーインは独自の路線で、値下げ競争の荒波に対抗しようとしている。そして最強の朝食は、新しい顧客にも強烈にアピールできる究極の切り札。無料朝食を凌駕するプライスレスな価値がそこにはある。

駅チカか、それ以外か？　独自の立地戦略

ビジネスホテルチェーンにとって、最大のポイントとなってくるのが、いかに駅チカにオープンできるか、だろう。初めて出張や旅行で訪れる土地でホテルを探す時に「駅

から徒歩1分」という表記はとてつもないパワーワードとなるし、荷物が大きくなればなるほど、その要素は大事になってくる。

ドーミーインにとっては余計な話かもしれないが、たまたまNewsCrunch編集部員たちは、いわゆる駅チカではなく、駅から少し離れた静かな環境にあるドーミーインに宿泊するケースが多かった。第3章でその魅力を綴った『天然温泉 豊穣の湯 ドーミーイン池袋』もそのひとつの例だろう。

まさかとは思いますが、あえて、こういう立地にしているんですか？

「さすがにそれはありません（苦笑）。我々もできるだけ駅チカに作りたいと思っていますし、そういう立地を探してはいます。理想としては駅チカなんですよ、やっぱり。ただ、さまざまな事情からなかなかそれは難しい、となった時に、候補に挙がるのが観光地の近くですね。出張で来られる方は気づかれないかもしれないですけど、実は観光地まで歩いていける、という立地も多いんですよ。同様に繁華街の近くですね。お食事や買い物に便利ですから」

以前、山梨県の甲府市への出張で2泊した際、ドーミーインに宿泊した。甲府市には、

『天然温泉 勝運《しょううん》の湯 ドーミーイン甲府丸の内』と『天然温泉 甲斐路《かいじ》の湯 ドーミーイン甲府』のふたつがあるのだが、いずれも駅から歩けない距離ではない。でも、徒歩で約8分、13分とどちらもちょっと離れている。商店街のアーケードもあるにはあるが、そこへ行くにもちょっと歩く。

これが不便なのかというと決してそうではない。その時、1泊目は前乗りするだけで特に仕事があるわけではなかったので、あえて午後3時ちょうどに『天然温泉 勝運の湯 ドーミーイン甲府丸の内』にチェックインをして、そのままゆっくりホテルで過ごした。大浴場に入って、夕食どきだけちょっと街に出て、戻ってきてからはまた大浴場に入って、夜鳴きそばを食べて、洗濯をして……特段、外に出る用事がない場合、この立地は逆に快適すぎた。無料のマッサージチェアも最高だったし、繁華街から離れているため治安もいいのか、家族連れ、女性客も多く、館内の雰囲気もとてもよかった。

大げさではなく「泊まりたい」ではなく「住みたい」と強烈に感じたし、チェックアウト時には「帰りたくない」と思ったのを覚えている。心底、体を休める、という意味ではそういう立地も大アリだと思う。

サウナーも絶賛する細かすぎるこだわり

大浴場と同様に充実しているのがサウナ施設だ。わざわざ

〝サウナー〟と呼ばれるマニアも絶賛し、このサウナに入りたいがために、わざわざドドーミーインに宿泊する人も出てくるほどの充実度を誇っている。

「サウナにもこだわりを持っています。2021年、池袋にドーミーインをオープンさせる時には、池袋にある関東最大級のサウナ施設にスタッフでもう数え切れないほど通いましたね。参考にさせていただく点がたくさんあって、本当に勉強させていただきました」

その『天然温泉　豊穣の湯　ドーミーイン池袋』ではポカリスエット飲み放題、という企画も話題を呼んだ。

「やっぱりサウナでは水分補給も大事ですからね。本来であれば『オロポ』（オロナミンCとポカリスエットを混ぜたサウナー垂涎《すいぜん》のドリンク。休憩所に飲食サービスがある温浴施設では当たり前のように販売されている）を提供するのがいいんでしょうけど、

さすがに現実的ではないですよね？　そこで考えたのがポカリスエットのサーバーを設置して、みなさんに自由に飲んでいただこう、というサービスですが、現場スタッフの頑張りがあって実現できました。そうして続けていくうちにスタッフも慣れてきましたけど、なによりもお客さまに喜んでいただけたのがありがたかったですね」

コロナ禍でリモート作業用にホテルのデイユース利用が急速に広がったが、これはサウナーにとってはありがたい流れだ。

施設によって利用料金は変わってくるが、4時間や8時間といったデイユースプラン（156ページ参照）であれば、気軽にドーミーインのサウナを利用できる。もちろんサウナだけでなく、大浴場や露天風呂に入れるので、ほかの温浴施設でもなかなかない、広々とした露天風呂での外気浴までワンセットで楽しめるのだ。

もし、ドーミーインがあくまでも宿泊者に対する「おまけサービス」としてサウナを提供していたとしたら、こんなに熱い支持を得ることはできなかった。サウナだけ切り離しても十分すぎる施設を作ってきたからこその評価である。

ドーミーインが運営するファンコミュニティサイト「DOMINISTYLE」では、

サウナに入る時に使用するグッズとして、サウナハットやサウナ用のマスクなどが通販されている（一時期はオロポ用の容器も販売されていて、自販機でオロナミンCとポカリスエットを購入すればオロポが楽しめるようになっていたが、すでに完売している）。

そういった本格的なサウナーに喜んでもらえるのはもちろんのこと、単純に出張のための宿泊先としてフラッと泊まったサラリーマンにも、このサウナの充実度は「すごく得をした！」と満足してもらえるはずだ。

ちなみに「ビジネスホテルの共用浴場は狭い」という印象をお持ちの方は、「サウナも狭いんでしょ」とお思いだろう。たしかにドーミーインも例外ではなく、サウナルームは5～6人が適正人数といったところだろう。

それでも室内は隅々までキレイに清掃されていてカビひとつないし、出入り口のすぐ横には水風呂と手桶も準備されている。さらに外の冷たい空気を体感できる露天風呂まで設置されているわけで、目の肥えたサウナーもきっと満足できるはずだし、体のことを考えて無料の水分補給サービスまで用意しているホテルを筆者は見たことがない。一度、味わってしまったら、もう病みつきだ。

『まず、やってみよう！』が風土です⁉

ほかにも書き切れないぐらい、ドーミーインには「えっ、こんなことまで？」という無料サービスがとにかくたくさんある。

なかでも夏の時期に特にありがたかったのは大浴場の出口に置かれていた「冷まくら」。ちゃんと寝る時に使いやすいように冷まくらを巻くためのタオルまで一緒に置いてあったのも高すぎるポイントだ。

また、松山のドーミーインではポンジュースが、弘前《ひろさき》や長野ではりんごジュースが、そして甲府ではぶどうジュースがウェルカムドリンクとして飲み放題になっている。

「ジュースの飲み放題はおそらくオープン記念など、あくまで期間限定としてスタートしたものなんですが、あまりに好評すぎて、そのままレギュラーのサービスとして定着したものだと思います。

そういう例はたくさんありますよ。今、どの施設でも提供している湯上りのサービス（朝は乳酸菌飲料、夜はアイス）も、実はつい最近、始まったんです。たしか２０２０

年でしたかね。当たり前のようにやっているので、ずいぶん前からやっていたと思われている方も多いみたいですが、新サービスなんです。しかも最初は関東エリア限定だったものが、好評だったので全国に広げていったんですよね。

ほかにもたくさんありますけど、基本、スタッフからの発案やお客さまの声を受けてのものですね。ウチの風土といいますか『まず、やってみよう！』という精神が浸透しているので、意見は出しやすいですし、やってみて上手くいかなかったら改善していけばいいわけですから」

簡単そうに聞こえるが、新しいサービスを始めるということは、スタッフにとってはさらに仕事が増えることにもなる。

そんな現実を考えると、積極的な提案はなかなか出しにくい。

実際、宿泊客が喜びそうなサービスほど手間ひまがかかるわけで、スタッフの負担も大きくなるのだが、そういったものを超えたところにある〝宿泊者ファースト〟の精神が嬉しいではないか。まさに本書のタイトルになった「Have a nice ドーミーイン」を具現化している。

新しいサービスをスタートさせつつも、これまでのサービスもちゃんと続けてくれているのも嬉しい。本当になにげないサービスだが、チェックインの際におしぼりを渡してくれるのは汗だくでホテルにたどりついた時など、本当にありがたかった。

コロナ禍でフロントのスタッフから手渡し、ということは感染対策の観点から難しくなり、同様のサービスを展開していたホテルでも、いつのまにか止《や》めてしまったケースを見てきたが、ドーミーインでは検温機の横にしっかりとおしぼりを用意してくれている。なんとも嬉しいこだわりではないか。

手渡しではないが、そのおもてなしの精神はちゃんと宿泊者に届いているはずだ。

第4章　そんなあなたにドーミーインに泊まってほしい

——泊まるホテルから住むホテルへ

コロナ禍で再確認した「ドーミーイン愛」

そもそも、この本を出版しよう、という話のきっかけとなったのは長引くコロナ禍の影響だった。

2020年春、初めての緊急事態宣言が出されて、出張や地方取材といった行為は全面的にストップされた。調べてみたら、NewsCrunchの取材で最後に地方取材に出たのは2020年1月の博多。そこで行ったきりになっていた。前年までは週イチペースで地方に取材に行っていたのに、急にその動きを封じられたことになる。

「県境をまたがないようにしてほしい」という国からのお願いは日を追うごとに強くなっていき、次に「なるべく会社には行かないでリモートで仕事をしてほしい」となり、緊急事態宣言が発令されると、ついには「買い物にすらあまり行かないでください」と話は大事になっていった。

もちろん、自宅というのは世界でいちばん居心地がいい場所である。ただ、仕事もプライベートもすべてひっくるめて自宅の中で完結させてください、と言われてしまったら、さすがにそんな生活には窮屈さしか感じなくなった。

そして、気がついたのだ。

あぁ、しょっちゅう地方取材に出ていたことで、私たちは旅を疑似体験して、気持ちをリフレッシュしたり、家にいては味わえない刺激を受けてきたんだな、と。

そんな貴重な日々が失われ、リフレッシュするきっかけすら消失した。ひたすら家にいて、食事もデリバリーで済ませることが多くなった2020年のゴールデンウィーク。今になって思えば、あれがストレスのピークだったのだろう。NewsCrunch編集部に心も体も壊してしまうスタッフが出てくることになる。

そんな時に頭に浮かんだのが「旅に出たい」だった。首都圏での感染者数が爆発的に膨らみ、もう、家にいるだけで息が詰まるような日々が何か月も続いている。

そして、もうひとつ気がついたのだ。

旅に出たい、と考えた時、頭の中に浮かびあがる光景のひとつに、ドーミーインがあることに。そしてあの大浴場や朝食があることに。

実は同じようなことを考えている仕事仲間はほかにもいて、「地方に行けるようになったら、ぜひドーミーインがある街に出張しよう！」という話をしてきた。今まではお互いに知らなかったけれども、意外と周りにドーミーインの大ファン＝ドミニスタがたくさんいるんだ、とわかったのもコロナ禍だったからこそ、である。

同じ会社やチームに所属していれば、あまりビジネスホテルについて熱く語ることなんてなかったのだが、何か月も出張に行けない日々が続くと、いつしか「出張に行けていた時期はよかったなぁ〜」という話をするようになり、気がつけば、それがドーミーイン談義に変わっていた。実際、この本の企画も会議からではなく、雑談の中で「そういえばドーミーインってさ」という流れから生まれた。

ゆったりした館内着に袖を通し、サウナに入って、天然温泉の大浴場で汗を流して、無料のマッサージ機でリラックスして、夜鳴きそばとパワーモーニングで腹を満たす——当たり前だと思っていたことが、とんでもなく幸せな時間だったと知った。

そして、2020年の夏頃に、一旦、新型コロナウイルスの感染状況が少し落ち着いてくると、段階的に出張が許されるようになってきた。ちょうど、そんなタイミングで金沢に取材で出かける案件があった。

正しく言えば、コロナ禍で世界が変わってしまうまえにすでに決まっていて、ペンディングになっていた案件が山ほどあったので、それを徐々にこなしていかなくてはいけない。その第一弾となったのが金沢で、そこにはドーミーインがある！

まだまだ全面的に羽を伸ばして旅を楽しめるような空気感ではなく、いつも賑わっていた北陸新幹線『はくたか』はほとんど一両まるまる貸し切っているような状態。金沢に着いても、いつもだったら大行列ができているお寿司屋さんがガラガラだったり、観光客でごったがえしているはずのお土産売り場に閑古鳥が鳴いている光景を目の当たりにして、言葉を失ったことを鮮明に覚えている。

それでも、ドーミーインだけは変わっていなかった。JR金沢駅から徒歩2分。**『天然温泉 加賀の湧泉《ゆうせん》 ドーミーイン金沢』**がそこにはあった。

たしかに感染拡大前と比べると、宿泊客は少なくなっているんだろうな、ということはフロント周りの空気感でもよくわかったのだが、以前と変わらずちゃんと大浴場があり、サウナがあり、夜鳴きそばがあり、翌朝には豪華なバイキングも待ち構えていてくれた。もう涙が出そうになるほど、ありがたかった。

コロナ禍で無意識のうちに緊張しながら生活してきた毎日からフッと解放されたからか、感染拡大のことなんて忘れて、その日の夜はひたすら熟睡できた。

そうか。やっぱり、2019年まではこうやって出張で地方に行くこと、そしてドーミーインに泊まることで、我々は「命の洗濯」をしてきたのだ！　その後も何度か出張を重ねることで、そのことは確信に変わった。

出版業界に身を置いている者として、ドーミーインについて、しっかりと書き残しておく必要がある。こうして本書の企画は即座に決まったのだ。

変わる世間の常識、変わるホテルライフ

新型コロナウイルスの感染拡大に伴い、リモートワークが急速に普及する中、ビジネスホテルとの関わり方も大きく変わりはじめていた。

ある日、リモートでの取材を1日に5本もこなさなくてはならなくなった。しかも、取材の合間に少しずつ空き時間が生じてしまう。午後にスタートして、すべてが終わる

頃には夜9時を過ぎるスケジュールだ。

ずっとパソコンの前に座っていればいいのだから、そんなに大変ではない……と思う方もいるかもしれないが、意外とこれが疲れるのだ。実際に対面して話している取材とは違い、いわゆる阿吽《あうん》の呼吸というものがなかなか成立しないし、アイコンタクトを取ることも難しい。参加者全員に会話が丸聞こえという状況は、けっこうストレスになるし、なによりも同じ姿勢が続くため背中がパンパンに張ってしまう。

それが5本も続くとなると疲労困憊になること必至、である。そう考えると自宅でこなすよりも、どこかのホテルに籠って、合間に食事や大浴場で休憩を取りながら、すべての作業が終わった瞬間にベッドに寝転がって爆睡、というパターンがベターなような気がしてきた。そう思って調べてみると、ほとんどのホテルが「リモートワークプラン」などと称して、いわゆる時間貸しを展開し始めてていた。

この時は作業が長時間に及ぶことと、ちょうどとあるホテルチェーンが安い宿泊プランを展開していた時期だったので、あえてデイユースではなく、思い切って宿泊してしまうことにした。あとは寝るだけ、と考えたら気が楽というか、仕事に集中できるし、最大のポイントは大浴場があること。結果として、この時は非常に仕事もスムースに進み、肉体的にもかなり楽だった。変な話、これがドーミーインだったら快適すぎて、仕事に集中できなかったかもしれない（笑）。

別の日には、地方都市でインタビュー取材をする仕事があった。

クライアントからの強い要望もあり、「取材を行う際には十分にソーシャルディスタンスを保てる環境で」ということになった。しかし、マンツーマンの取材なのにだだっ広い会議室を借りるのもどうか、との意見が出た。次に都内での取材ではよく利用している喫茶店の会議室が候補に挙がったのだが、実は全国展開されているサービスではない、とこの時に初めて知り、これはどうしたものか、と頭を抱えてしまった。

その時に知人から「あるビジネスホテルで会議室利用に特化した時間貸しを始めた。かなり安いので使ってみては？」というアドバイスをもらった。

公式サイトで調べてみると、シングルルームからベッドを完全に撤去してしまい、空いたスペースにテーブルとホワイトボードを置いて、小さな会議室に改造した写真が載っていた。なるほど、昼間は会議室として時間貸しをして、夜は客室として営業するという〝二毛作システム〟ではなく、完全に会議室利用に振り切ってしまった新しいビジネスモデル。この時点ではまだ首都圏で緊急事態宣言が発令されていたので、宿泊客も激減していて、ここまで思いきったやり方ができたのだろう。結果、会議室としてはリーズナブルかつ快適に利用できた。

取材を終えて、取材対象者を送り出したあと、まだ30分ぐらい時間が余っていたので「せっかくだから部屋のシャワーを浴びて、スッキリしてから帰ろう」と思って浴室を覗いてみると、ごくごくフツーの設備こそ整っていたのだが、なぜかというか、やはりというか、タオル類がすべて撤去されていて、実質上、入浴不可の状況となっていた。これがコロナ禍の現実である。

コロナ禍で変わっていくホテルの在り方、使い方。ただ泊まるだけではない施設に変容していく中で、ホテル選びというのはますます重要になってきている。

ホテルの在り方、という点ではほかのホテルと同様に、ドーミーインもニーズに合わせた変化を試みている。

たとえば、コロナ禍のサービスの一環として、ワーケーションとして利用できるデイユースプランや宿泊プランの導入が進んでいる。

「そんなのカフェや貸し会議室でもやっているじゃない！」とお思いの方もいるだろうが、ドーミーインが手掛けるとなると只事では終わらない。

たとえばデイユースプランには4時間コースと8時間コースがあるのだが、24時間いつでもチェックインできるし、なんと温泉を何度でも堪能できるのだ。「WORK PLACE DORMYウィークリープラン」では、朝食まで味わえるのだからまさに至れり尽くせりである。公式HPをのぞいてみると、「ととのうCabin誕生！」の大きな文字とともに、「大浴場・サウナ・食事で健康的な身体へ… 〝ドーミーイン後楽園〟のデイユースプランで心も体も整えませんか？」との魅力的なフレーズが並んでいた。さらに詳しく見てみると、「朝食付き」「夜鳴きそば付き」の2つのプランがあり、それぞれチェックイン時間と滞在時間が異なっている。

時間を潰すもよし、仕事をするもよし、疲れを癒すもよし、後楽園ホールや東京ドームのスポーツ観戦の合間に利用するもよし。「さすが、ドーミーイン。わかっているな～」というのが使い手側の印象である。

Wi-Fiもどこかのドーミーインで接続したことがあればほぼすべてのドーミーインでは自動接続されるのも便利でいい。ひいき目なしで、回線は高速だし混雑にも強い。ゆいいつの懸念点は朝食を食べすぎると眠くなってしまうぐらいだ（笑）。

このように、第4章では、私たちの視点からコロナ禍の中で変化していくホテルの選び方、そして新しいホテルの在り方を提案していくドーミーインのこれからについて触れていきたい。

新規オープンだからこそできる「挑戦」と「自由」

第2章で詳しく書いたが、2021年3月にオープンしたばかりの『天然温泉　豊穣の湯　ドーミーイン池袋』に宿泊した際、私たちがドーミーインに求めているサービスがコンプリートされており、さらに想像の斜め上を行くおもてなしまで用意されていたことに驚嘆した。新築の気持ちよさも含めて、まさにパーフェクトだった。

第3章にあるように、この本の取材のためにドーミーインを運営する共立メンテナンスにお邪魔してお話をうかがったタイミングで、ちょうど広島県に『**天然温泉 芸州《げいしゅう》の湯 ドーミーイン広島ANNEX**』が開業した（２０２１年11月10日オープン）。この開業に関わったスタッフから新規オープンの裏側を聞くことができた。

「すでに広島には『**安芸《あき》の湯 ドーミーイン広島**』があります。この取材では便宜上、〝本店〟と呼ばせていただきますが、どちらも新幹線が停車するＪＲ広島駅からは少し離れています。今回、オープンしたＡＮＮＥＸも広島駅から歩くと15分以上はかかってしまいますが、広島電鉄の市電などをご利用いただければ、徒歩圏内に駅はございますし、平和大通りと駅前通りがちょうど交差する位置にありますので、繁華街には近く、また観光の拠点としていただくには絶好の立地かと思います。

ＡＮＮＥＸをどう運営していこうか、と考えた時に、やっぱり広島の特色を出したい、と。そこで考えたのが、**徹底した〝広島カープ推し〟というテーマです。**

さすがに客室ではそこまでカラーを打ち出せないので、大浴場には徹底的にこだわりました。洗い場に置かれている椅子はすべてカープカラーの赤で統一し、しっかりと背番号も入れさせていただきました。

どれだけのお客さまに気づいていただけているかはわかりませんが、実は大浴場で流れているBGMもカープの応援歌のオルゴールバージョンなんです。冷静になって考えたら、宿泊される方は地元のカープファンよりも、他の地域からお越しいただくお客さまのほうが多いわけで、試合観戦に来られた他のチームのファンの方が大浴場の光景を見たら、どう感じるんだろう、と（苦笑）。プロ野球のオフシーズンにオープンしたもので、まだそのあたりの感想は届いてきてはいないのですが、いろいろな意味で話題になったら面白いな、と。あっ、ちなみに夜鳴きそばのどんぶりも赤にしました（笑）。

先ほども話しましたが、すでに本店がございますので、新規オープンするにあたっては本店との差別化が必要になってきます。これは広島に限った話ではなく、ひとつの都市に複数の店舗展開をする際には必ず心がけることなのですが、もっともわかりやすく差別化できるのは朝食のメニューなんですね。

ANNEXでは広島名物のカキ料理を3品、ご用意させていただいています。定番のカキフライを卵とじにしたものや茶わん蒸しなど、朝から名物を満喫していただけるかと。また本店でのご当地逸品料理として穴子飯を提供させていただいていますが、AN

NEXではさらにバージョンアップさせた『穴子のちらし寿司』をお出ししております。その分、朝食料金は本店より300円ほど高い税込み1800円とさせていただきましたが、本店との差別化はできたかな、と思っています」

もちろん、「出発がすごく早いから朝食はいらない」という人もいるだろうが、「朝食のメニューでホテルを選ぶ」という人もいるだろう。ビジネスホテルを選ぶポイントはもはやアクセスの良さや料金だけではないのだ。カキ料理だけで数種類のバリエーションがある、というメニュー構成は「朝はしっかり」派の人間にとって、かなり魅力的な特長だし、ご当地感が前面に押し出されているのも出張族にはありがたい話だ。

そして、人気のサウナも充実しているという。

「サウナーの方にも満足していただけるのではないか、と。水風呂も〝強冷水風呂〟として、12℃から13℃ぐらいの水温で、男女とも壺風呂の形で提供しています。また、露天風呂には〝ととのいスペース〟を設けさせていただきまして、そのための椅子もご用意させていただいているんですが、こちらもカープカラーで真っ赤に染めてあります」

こだわりすぎるほどにこだわった大浴場とサウナ、である。

先に綴った『天然温泉 豊穣の湯 ドーミーイン池袋』がそうだったように、新しくオープンしたホテルは基本的にはとにかくすべてが新しくて気持ちがいいものだし、これまでの宿泊客からの要望を積極的に取り入れてくれているものだ。本来ならそれだけで満足度が高いのだが、『天然温泉 芸州の湯 ドーミーイン広島ＡＮＮＥＸ』のように、運営側のこだわりに「挑戦」と「自由」が加わってくると、もう点数がつけられないぐらい評価は飛躍的にアップするのがドーミーイン、なのだ。これも新しいホテルの在り方であり、カープファン以外の方にもぜひ泊まってほしいと思う。

4つのブランドに秘められた、それぞれの戦略

本書ではざっくりと「ドーミーイン」と表記してきたが、実は細かく分けるとドーミーインには4つのブランドが存在する。

・ドーミーイン
・ドーミーインEXPRESS

・ドーミーインＰＲＥＭＩＵＭ
・御宿 野乃

普通、これだけブランドが分散化していれば、極端に差別化されていると思ってしまうだろう。たとえば字面だけでも、明らかに違ってくる『御宿 野乃』。朝食のラインナップや和の上品なテイストから高級志向であることが伝わってくるので、これまで出張で利用する時には、最初から候補には入れてこなかったのだが、本書の取材のため宿泊したところ、そこまで宿泊料金が高いわけではない、ということがわかった。

各ブランドの特長について、ドーミーインを運営する共立メンテナンスの担当者にわかりやすく説明をしてもらった。

「ドーミーイン〇〇（〇〇には地名が入る）という表記のホテルは、いわゆるスタンダードタイプになりますね。ドーミーイン『ＰＲＥＭＩＵＭ』はそれよりもちょっといい部屋になりますよ、という形になりまして、野乃はそのＰＲＥＭＩＵＭの和風版、というのがいちばんわかりやすい説明になるかと思います。

もうひとつの『EXPRESS』はあまり見かけないよ、というお客さまもいらっしゃるかと思うんですが、たしかに数も少ないですし、あまり市街地での展開をしていません。つまりロードサイドでの展開をメインに考えているブランドです。今後、それはもっとわかりやすくなっていくかと思います」

たしかに出張で利用する場合、現地でレンタカーでも借りない限りはなかなかロードサイドにあるホテルは選ばない。

ただ大浴場を常設している、というドーミーインの特長を考えた場合、個人旅行での利用であったり、ドライブを前提とした車移動を考えている人たちにとっても十分、選択肢のひとつに入る。ドーミーインのネームバリューがアップしてきている昨今だからこそ、このEXPRESSブランドの今後の展開も楽しみになってきた。

ただ、実を言うと違いはそれだけではなかったのである。

「宿泊しているお客さまからはわかりにくい部分ではありますが、それぞれの客室の比率が大きく変わってきているんですね。

スタンダードなドーミーインですと、ビジネスで利用されるお客さまがほとんどでしたので、そもそもシングルルームとそれ以外のタイプの部屋の比率は9：1ぐらいでした。それがPREMIUMになると6：4ぐらいになり、野乃では7：3とか、場所によっては8：2になるケースもあります。

これまでのビジネスホテルというのは文字どおり、ビジネスユースをメインに考えてきたので、平日の稼働率と週末の稼働率では大きな差ができてしまいがちだったんですが、部屋のタイプの比率を変えた他のブランドでは、ご家族連れやカップルの方が旅行で利用してくれています。

中にはお子さんがドミニスタになられて、いつも家族旅行ではドーミーインを選ぶ、と言ってくださる方もいらっしゃいます。たしかに朝食バイキングや大浴場はお子さんにとっては、かなり特別な経験ですからね」

サラリーマンにとって極楽のようなサービスの数々は、小さな子供にとってはもはや異次元の体験。いきなりドーミーインを覚えてしまったら、大人になってからの出張時にほかのホテルでは物足りなくなってしまうのでは、という余計な心配までしてしまうが、これはのちのち本書の中に出てくる、ある大きなテーマの礎にもなってくる。

第2章でいくつかドーミーインPREMIUMへの宿泊記を掲載しているが、チェックインした時には、すでに冷蔵庫の中に冷たいフルーツが用意されていたり、かゆいところに手が届く……そのもう一歩、向こう側に踏み込んだサービスがあったり、朝食バイキングのメニューが魅力的すぎる店舗が多く見られた。出張費の上限を気にしないならばPREMIUMをチョイスするのが得策なのだろうが、スタンダードなドーミーインでも満足度が高い、というところがミソ。ブランド間で極端に格差をつけないことで、ユーザーの選択肢はより広がっていくのだ。

そんな中で異質というか、そもそも名称に「ドーミーイン」の文字が入っていないのが野乃ブランドだ。

「和のリゾート、というイメージですから、ハッキリ言ってしまえばコロナ前は海外からのお客さまが非常に多かったです。大阪の野乃は海外からのお客さまの比率が95%を超えていた、という時期もありました。

これまで日本への観光旅行となると、やっぱり温泉のある旅館に泊まりたい、というご要望が多かったのですが、そういった施設はちょっと市街地から離れたところにありますよね？　街で買い物や食事もしたいし、もちろん、みなさん観光地にも出かけたい。そうなった場合、わざわざ宿泊だけ車やバスでちょっと離れたところに移動する、というのはなかなか手間がかかることでもありました。

その点、野乃であれば基本的に駅チカにありますし、市街地から歩いていける距離なのに、本格的な和のおもてなしを味わえる、というのは大きなセールスポイントになりました。天然温泉も常設しておりますし、部屋も和風になっていますから、わざわざ海や山にある旅館まで足を延ばさなくても、日本の風情を楽しめて、なおかつショッピングや観光に便利、という利点がありました」

コロナ禍で外国人観光客の利用は大幅に減少してしまったが、逆に「あまり遠出はできないけれど、ちょっとでも旅情を味わいたい」という国内のお客さんの利用がここにきて増えている、という。ちょっとお高そうに見える外観だけれども、決して宿泊料金が高いわけではなく、安心・安定のドーミーイングループが運営しているとなれば、たしかに「間違いない」選択肢となる。

ただ、ちょっとだけ困ったこともある、という。

「やはり旅館となると夕食も出す、というのが一般的じゃないですか？　野乃に宿泊されるお客さまからも『どうして夕食はないの？』と質問されるというか、ご要望を受けることが多々あります。たしかに朝食のためにキッチンもあって、レストランのスペースもありますから、そう言われるのも当然ですし、リゾートホテルの運営でそのノウハウもあるんですけれど、やはり朝食やリゾートホテルと比べると、夕食もホテル内で、と考えるお客さまの数はかなり減ってしまいますし、そのあたりはいろいろ勘案すると難しくなってしまうんですよね。

せっかく街中に宿泊していらっしゃるので、夕食は近くのおいしいお店でどうぞ、とオススメさせていただいておりますが……」

たしかにあの朝食のクオリティとボリュームを知ってしまった者からすれば「ちょっと高くなってもいいから、あのディナー版を！」と欲張ってしまう気持ちはとてもよくわかる。コロナが収束し、海外からの観光客が戻ってきたら、また戦略も変わってくるのだろうか？

新しいホテルライフの一環として、「ドーミーインしか泊まったことがない」という人にも一度、野乃のサービスを味わってほしいところだ。「せっかくの旅行なら和のテイストはちょっと……」という人には、ＰＲＥＭＩＵＭがいいだろう。用途に合わせて選べるのもドーミーインならではだ。

ちなみに、筆者としてはぜひお一人様の女性にも利用してほしいと願っているし、確実に女性客が増えてきたと確信している。その理由とは……⁉

「ドーミーインに泊まれない！」仙台狂騒曲の悲劇

この本の執筆もゴールに近づいてきた２０２１年12月。まったくの別件だが、久しぶりに仙台への出張が決まった。日付は12月11日から12日だ。ほかの地域と同じように、コロナ禍で足を運べていなかったエリアなので胸がときめいた。

出張が決まったのは11月下旬。宿泊までまだまだ時間もあるし、仙台駅周辺には３軒ものドーミーインがあるので、予約はもう明日でいいだろうと、高を括《くく》っていた。

ちなみに、その３軒とは仙台駅から徒歩４分の**『天然温泉　萩《はぎ》の湯　ドーミーイン仙台**

駅前』、徒歩6分の**『天然温泉 青葉の湯 ドーミーイン仙台ANNEX』**、仙台最大の繁華街・国分町《こくぶんちょう》まで徒歩5分の**『杜《もり》の湯 ドーミーインEXPRESS仙台広瀬通』**で、たとえ萩の湯が満室でも杜の湯がある、という盤石《ばんじゃく》の布陣である（仙台空港駅からアクセス抜群の**『天然温泉 海神《かいじん》の湯 ドーミーインEXPRESS仙台シーサイド』**は飛行機移動の時に重宝している）。

中でもNewsCrunch編集部スタッフから人気なのは青葉の湯。比較的、オープンから間もなく、綺麗な駅チカホテルという印象があるからだ。

そして翌日、予約サイトから青葉の湯を検索すると生憎なことに満室。とはいえよくあることなので、気に留めもせず、呑気にほかの2件を検索にかけたが……なんと、すべて満室！　これまでも3軒中2軒が満室ということはあったが、すべてが満室というのは初めての経験だ。幸いにもほかのホテルに空きはあったので、「きっとドーミーインにキャンセルが出るだろう」と油断したまま出張当日を迎えた。

迎えた12月11日、夜の9時にスマホからＯＴＡを開き、あらためて「仙台　ドーミーイン」を検索するも、キャンセルはなし。今回は縁がなかったとあきらめ、「仙台　ホテル」をチェックすると……なんと仙台駅から徒歩圏内は1軒しか空いていなかった。しかも筆者にとってはつらい地獄の喫煙室、である。

泊まれるだけ不幸中の幸いではあるが、なぜこんなことに? 調べてみると、12月11日と12日に超人気アイドルグループのコンサートが開催される(開催された)というではないか!

己の事前チェックの甘さを喫煙室で痛感したわけだが、逆に気づいたことがある。そう、**公演を見るために仙台に行く女性が我先にとドーミーインを予約していたということだ。**なぜそれがわかるかというと、11月下旬の段階では、まだほかのホテルには「空室あり」の記載があったから(そのためこちらも油断してしまった……)。

ドーミーインに泊まれなかったのは悔恨《かいこん》だったが、一方で「ああ、ドーミーインも女性に人気のホテルになったんだなあ」と嬉しくなってしまったのはドミニスタの性《さが》だろうか。実際、翌日の11時ごろに『天然温泉 萩の湯 ドーミーイン仙台駅前』の前を通りかかると、キャリーバッグを転がす女性の姿が多く見られた。

ページ数の都合で書き切れなかったが、今年は愛知県の**『天然温泉 三州《さんしゅう》の湯 ドーミ**

ーインEXPRESS三河安城』、『天然温泉 錦鯱《きんこ》の湯 ドーミーインPREMIUM名古屋栄』、長野県の**『天然温泉 善光の湯 ドーミーイン長野』**にも宿泊してきた。そこでも同じように、「女性のお一人様が増えたなあ」と感じたものだ。

家族連れについては数年前からその傾向はあったが、女性についてはこの1～2年だと思う。これって、観光業者にとってはとても重要なことだ。つまり、**女性たちに「ドーミーイン＝安心」という気持ちがあるからだろう。**

事実、ドーミーインはとても治安がいい。チェックインすればあとは館内でほぼすべてが完結するし、ビジネスホテルにありがちな薄暗いライティングもない。前述のようにお風呂のセキュリティは万全だし、すごく安心感があるのだろう。そこは家族連れが増えた大きな要因のひとつでもあるはずだ。

今回の仙台狂騒曲でも、事前にTwitterやInstagramなどで「ドーミーインがいいよ！」「あそこのホテルは安全だよ！」「お風呂が広くて綺麗だよ！」などという情報交換がなされたのだと想像すると、男性が多いNewsCrunch編集部スタッフは「良さがわかったか」とニヤッとしてしまう。予約が取れないのは困るのだけれども……。

長期滞在のススメとリアルに「住める」プラン！

本書の中で何度となく出てくる表現に「もう1泊したい」「なんなら住んでしまいたい」というものがある。昔から「お金持ちが都心のラグジュアリーホテルで生活している」というと、とてもリッチなイメージがあった。なるほど、生活感はないけれど、なんの不自由もない、豪勢な日々を送れるのは間違いないだろう。

そんな生活とは一生、無縁だろうな、と思って生きてきたが、これが「ドーミーインに住む」となると話はまた違ってくる。

大浴場とサウナに毎日、入れる生活。

小腹が空いたらヘルシーな夜鳴きそばをすすれる生活。

あの朝食バイキングを毎日、味わえる生活。

もちろん自宅での生活とは違って、大浴場やサウナには入ることができない時間も出てくるし、寝坊してしまったら朝食バイキングに間に合わないこともあるだろうが、そういったサービスや施設がある、ということが大前提の生活は夢のようではないか？

毎日、ととのう。

毎朝、満腹。

〝ドーミーインに帰る〟という感覚は一度、味わってみたいところであるし、それを気軽に試せるプランがありますよ、との説明を本社の方から受けた。

「長期滞在プランはもちろん設けております。1週間単位のウィークリーに始まり、1か月間のマンスリー、もちろん90日、そして365日という設定も可能です。

料金は施設によって異なってきますが、基本的に滞在する期間が長ければ長いほど、1泊あたりの料金はお得になるような設定になっています。朝食に関しても月ぎめで定額料金を支払っていただければ、毎日、お召し上がりいただくことも可能ですし、逆に毎日は食べない、という方は、ご利用される日だけ支払っていただくこともできます」

1週間、つまり6泊7日ぐらいの設定は可能なのかと尋ねてみたら、さらに長い滞在プランを提案されて、ちょっとビックリした。

出張で1泊2日や2泊3日を経験しただけで、なんだか健康になれた気分になるというのに、それが1か月という長いスパンで続いたら、いったい私たちはどうなってしまうのか？　肩こりや腰痛とは無縁の日々が待っている？　それ以前に仕事の進み方はどうなるのか？　ホテル生活が快適すぎてゴロゴロ寝てしまうのか、それともサクサク進むようになるのか？　バランスの取れた朝食で内臓の健康も整うのか？　編集長、次回作は「ドーミーインに1年住んでみたら、仕事と健康はこんなに変わった！」でいかがでしょう？　いくらでも泊まりますよ！

じつはドーミーインの長期滞在プランが気になるようになったのも、この本の制作がきっかけだったのだ。

インターネットで毎日のように「ドーミーイン」と検索し、さまざまなドーミーインに宿泊した方の感想動画などをチェックしていたら、いつしかYouTubeの広告に「学生会館ドーミー」が頻繁に表示されるようになった。

最初は気にも留めていなかったのだが（だって、今から学生寮に入ることなんてできないし、大学生になる子供がいるわけでもないので……）、ぼんやり見ていたら、なるほど、これはドーミーインに長期滞在する、という経験にかなり近いのではないか、と思えるようになってきたのだ。

大きなキッチンがあり、そこで毎日、手作りの朝食と夕食が提供される。

そして勉学に励む学生たちはみんな「安心して生活できる」「実家にいるみたい」と笑顔で日々の感想を語る。

ぼんやりと動画を眺めただけなので、詳しい契約についてはわからなかったが、大学生だったら、ほとんどが4年間で寮を出ていくことになる。その短く貴重な期間を「実家にいるような快適さで過ごせる」と語るのは、なかなかすごいことではないか？

そういった寮でのノウハウをずっと蓄積してきたからこそ、ドーミーインでは他のビジネスホテルと一線を画したサービスを提供しつづけることができたのだろうし、それが大きな支持にもつながってきた。そんなバックボーンがあるのなら、これはもう長期滞在が快適すぎるのは確定ではないか！

すると、もっと長い宿泊プランの話が出てきた。

「現在、2年間というプランもございます。実際にタワーマンションに部屋を所持されている、というお客さまが、ここ数年、コロナ禍での生活を送っていく中で『これからのライフスタイルについて考え直しました』とご家族で2年間の契約をされて、すでにドーミーインで生活されています。
たしかにそういう考え方のお客さまも今後、増えてくるのではないか、と思います。
そこでドーミーインでは、長期滞在というよりも〝住む〟という部分に着目した部屋作りを今、進めているところです。ホテルに〝住む〟となった時に何が足りないだろう、と考えてみると、どんなに広い部屋でもさすがに靴入れ、下駄箱はないな、と。そこで入口に下駄箱を設けてみたり、あとは家族で使用できる大きな冷蔵庫を搬入してみたり、という試みも実際に進めている最中なんですよ。まだ、そういう部屋は少ないですけど、いずれ2年間、契約された方のためにより住みやすいお部屋をたくさんご用意できる時がくるのではないか、と思っています」

　ドーミーインの入口には「住むホテル」というステッカーがよく貼ってある。いわゆる〝たとえ話〟だと思っていたが、実際に住んでいる人が増えてきて、さらに住むために特化した部屋まで増えてきているとなると、話はまた違ってくる。

　コロナ禍で世の中の常識や価値観が大きく変わり、この章で書いてきたようにホテルの在り方も変わりはじめてきている。ドーミーインに住みながら、出張の時にはその土地のドーミーインに泊まれば、常に「我が家」にいる快適さが保証される。アフター・コロナ、ウィズ・コロナの新しい生き方がここにある。

なぜドーミーインには会員カードがないのか？

「どうしてドーミーインには会員カード制度がないのですか？」

最後に無礼承知でドミニスタを代表して、めちゃくちゃ下世話な質問を投げてみた。ある程度の規模のビジネスホテルチェーンでは、必ずと言っていいほど会員カードが存在する。現在ではアプリで代用されるケースが多いが、基本は会員登録しておけば、宿泊するたびにポイントが貯まっていき、そのポイント数に応じて特典がもらえる。

ぶっちゃけてしまえば、キャッシュバックそのものである。だから下世話な質問と書いたのだが、90年代にそのシステムを前面に出してアピールしてきたとあるホテルチェーンに給料の安い若手社員たちは競うようにして宿泊したし、現在も違うホテルでは年に何回かキャッシュバックの特典を設けている（ポイントが貯まるキャンペーンを不定期に開催しているので、けっこう早くキャッシュバックされるポイントまで到達する仕組みになっているのだ）。

ドミニスタと呼ばれる熱狂的なファンを多く抱えながら、なぜかドーミーインではこういったサービスに着手しない。別に不満ではないし、これまで重ねて綴ってきたように、夜鳴きそば、アイス、乳酸菌飲料、さらには高級マッサージ機などぜいたくなサービスを無料で受けられてはいる。ただ「なぜ？」という疑問は残る。

「実はまったく着手してこなかったわけではなく、これまでも何度となく試行錯誤はしてきているんですよ。ポイントカードを作ったこともあったんですけど、なかなか継続することができなかった……というのが正直なところです。

ひとつ大きな理由としては、ドーミーイン限定のサービスというのではなく、もっと広い視野に立ちたい、と。我々の目標はドミニスタの方々に『共立ファン』になっていただきたいんですね。そこまで包括して、何か取り組んでみたい、という想いはすごくあるんですよ」

さきほど家族旅行で子供がドミニスタになる、という話が出た。その子供が大学生になって、学生会館ドーミーで寮生活を送り、社会人になって出張でドーミーインに戻ってくる。さらには旅行で共立リゾートのホテルに泊まり……という流れはたしかにあるかもしれない。いや、実際にそういう経験をしている方もすでにいるのではないか？

さらに共立メンテナンスではシニアライフ事業として〝ドーミーシニア〟と呼ばれる、さまざまな形の高齢者向け住宅の運営も手掛けている。オーバーではなく人生のすべての時間をドーミーインとともに過ごせるシステムはすでに整いつつあるのだ。

泊まりたいから、住みたいへ――。

そういう気持ちにさせるだけのおもてなしとサービスは「共立ファン」を生み出すための大きなステップでもあった。

そう考えたら、1泊の満足度がとんでもなく高いことにも納得がいく。

次も、また次も。Have a nice ドーミーイン！　は、もっともっと豊かな日々を約束する合言葉だったのだ。

おわりに

本書の制作に携わったスタッフは編集者、ライター、カメラマンなど、普通の会社員と比べても、比較的、出張が多いメンバー。コロナ禍で一時、地方取材はすべて中止となってしまったが、2021年12月現在ではほぼコロナ前のペースに戻りつつある（結局、オミクロン株の感染拡大でまたもやコロナ禍に苛《さいな》まれることになったが）。

秋口にワニブックスが運営する情報サイト『NewsCrunch』にて、本書の制作スタッフによるドーミーイン滞在記を散発的に掲載したところ、予想以上の反響をいただいた。それだけドーミーインが好きな人＝ドミニスタはたくさん存在し、なかなか出張に行けなくて、ちょっとした飢餓状態にあることも伝わってきた。

この反響により書籍化に弾みがついた。

徐々にではあるが、コロナ禍から日常生活に戻りつつあった2021年の秋の話である。飲食店の営業時間も元に戻り、人数制限こそあるものの、飲酒を伴った外食もできるようになってきた。しかし「旅行」だけはなかなかハードルが高く、ここ数年、盆暮れに帰省することすら遠慮するような風潮が続いてきた。

世の中が元に戻るための最後のピースは「旅行」なのかもしれない。

あくまでも出張や地方取材という名目ではあるが、それをちょっとだけ先取りするような日々を送っていく中で、ますます遠出をすることの楽しさや解放感を味わってきた。

本書を通じて、そんな気持ちをたくさんの方と共有できれば幸いだ。

ドーミーインに初めて出会ったのは、20数年前のことだった。

当時、仕事で毎週必ず大阪へ行っていた。つまり最低でも年間48泊。それ以外にも大阪出張はあったので、70~80泊は軽くしていた計算になる。

ただ、会社から宿泊するホテルは決められていた。年間契約を結んでいるので通常より安く泊まれる。本来だったら1万円近くするホテルだったが、おそらく当時の出張費の上限である1泊6000円まで下げてくれていたのだろう。もう選択肢はなく、毎週、そのホテルに泊まるしかなかった。

高いホテルだから快適ではある。

だが、とにかく生活感がなかった。

毎週、宿泊するのだから、どこかに〝我が家感〟は欲しかったのだが、ホテルの品位を考えたら、そんなものを求めるのは御門《おかど》違いだったのかもしれない。でも、それがちょっとしたストレスに変わりはじめてもいた。

そもそも大阪での仕事はなんばがメインになるのだが、会社が指定したホテルがあるのは梅田。深夜まで仕事をして、なんばで食事をして、わざわざ梅田に戻るのはさすがに億劫だ。宿泊費が安いから、という理由でそのホテルに泊まっているのに、深夜にタクシー移動したら、結局、割高になるじゃないか、という矛盾にも悩まされていた。

もっとイライラしたのは、繁忙期で満室の時には泊まることができなかったこと。そういう時だけ、自分たちでホテルを探さなくてはいけないのだが、けっこう大きなそのホテルが満室ということは、ほかのホテルだって空いているわけがないのである。

ただ、そんな時はなんばに泊まることができる。

仕事が終わって、食事をして、そのまま徒歩でホテルに戻れるというのはやっぱり快適だったが、その時代、あまり満足ができるようなホテルが宿泊費の範囲内では存在しなかった、というのが正直なところ。

そんな時に大阪にできたばかりのドーミーインと出会えたことは、そのあとの人生を変えてしまうぐらい運命的なものだったし、邂逅《かいこう》だったと言えるだろう。

NewsCrunch編集部には、若い頃から旅行が好きで、どんなに出張が長くなっても苦にならないタイプという人間が多く在籍しているが、なんだかんだいって、やっぱり自宅がいちばん落ち着く。

今であれば、無理をすれば最終の新幹線などに乗って東京に帰ってこられるかもしれないが、30年近く前だと、大阪への日帰り出張すら難しかった。ある意味、帰れないから仕方なく泊まる、という側面もあった。毎週となると、そういう空気感がより強くなった。これでは心から出張は楽しめない。

だが、ドーミーインを知ったことで出張に対する考え方がガラリと変わった。

宿泊することが楽しい！

何よりも大浴場にゆったりと浸かれることが楽しみとなり、大阪に行くことが待ち遠しくなってきたのだ。

当時から温浴施設が大好きで、休みの日には朝から入館して、丸一日、サウナとお風呂でゆったりするのが趣味というか、日々の疲れを解消するためのルーティンになっていた。当時はそんな言葉はなかったが、サウナで「ととのう」ことを無意識のうちにやっていたことになる。そのおかげで、すごく忙しかったのに、体調を崩すこともなく働き続けることができたわけだ。

そんな休日の過ごし方も大きく変わった。

ドーミーインに宿泊することで、休日を潰してまでやっていた「ととのう」作業も、出張と同時にできてしまうのだ。これで休日に温浴施設に通うこともなくなり、もっと穏やかにのんびりと休日を消化できるようになった。

あの日、ドーミーインと出会わなかったら、こんなにも旅や出張が大好きではいられなかったかもしれないし、大阪や仙台ぐらいだったら、強引にでも最終の新幹線に飛び乗って帰ってくるような人間になっていたかもしれない。

こんな話を共立メンテナンスの方にしたところ「さすがにその時代には私たちも入社していないんですけど」と苦笑いを浮かべながらも、当時の話がいまだに社内で伝説として語り継がれていることを教えてくれた。

「まだネットでの予約といえば『旅の窓口』が最大手だった時代、大阪のドーミーインはそこで話題になったそうなんですよ。利用者の方が書き込んだ口コミに対して、ドーミーインの担当者の返答が面白い、と。このあたりはもともとホテルではなく、寮の運営からスタートしたというバックボーンが活きたのかもしれません。一般的なホテルの受け答えとしては異質だったのかもしれませんが、それがきっかけでまだまだ知名度が低かったドーミーインの名前に興味を持ってくださった方がたくさんいた、というのは大きな出来事だったと思います」

ホテルマンの対応は、完璧になればなるほど、ちょっと冷たい印象を与えてしまいかねない。大きなホテルであれば、そうあるべきなのだろうが、中規模のビジネスホテルなら、もうちょっとアットホームな感じでいいのに、と思うこともあった。

まだまだ全国レベルで大手チェーンがビジネスホテル業界を席捲する前の時代で、地方の小さい都市に行くと、まだ「駅前旅館」的なものが存在した。現在、〝アラフィフ〟と呼ばれる我々は、出張の際にちゃぶ台が置かれた4畳半の和室に泊まっていた最後の世代なのかもしれない。

その時代を知る者としては、今のビジネスホテルは快適すぎる。だいたい、どのチェーンでも全国で画一的な部屋を提供してくれるから、ホテル名を聞いただけでだいたいどんな部屋か想像がつくし、チェックインしてみるまで、どんな部屋や施設なのかがわからない、という不安はまったくなくなった。

裏を返せば、出張の面白みが半減してしまったのかもしれない。しかし、スポーツマンがコンディションを整えるために寝具にまで気を遣うのと同様に、サラリーマンも出張先でベストな仕事をこなすためには、よりよい宿泊先を選ぶべきだと思っているので、当たりはずれがなくなったことは素直に喜びたいところだし、ドーミーインがある土地では、可能な限りドーミーインに泊まる、というのもその一環。特にドーミーインは地域ごと、ホテルごとに大きな特長があるので、ワクワク感も損なわれない。

なかなかご理解いただけない経理担当者の方もいらっしゃるので、この一冊で「ドーミーインに泊まれば、現地での仕事がはかどり、結果的に格安なビジネスホテルに宿泊するよりもコストパフォーマンスがよくなる」ということをわかっていただければ幸いである。ぜひ本書を渡してください。

快適な宿泊で思い出したが、ドーミーインでは公式サイトにおいて、いわゆるホテルグッズを通信販売している。

その快適さを体感している館内着の販売には「なるほど、これは欲しい！」となったが、商品ラインナップにオリジナル枕があることにいささか驚いた。正直、今まであまり意識してこなかった部分だからだ。

たしかにドーミーインに泊まるとぐっすり眠れる。ただ、それはサウナと大浴場、さらには無料のマッサージ機の相乗効果があってのもの、と思い込んでいたので、あまり枕の重要性については考えてこなかった。

枕といえばとあるホテルが「フロントの前に何種類もの枕を展示し、高さや硬さが自分に合うものを選んで、そのまま部屋に持っていける」というシステムを提示した時にはもっと驚いた。

しかも、一度、自分好みの枕を選んだあとは、それが自動的に登録されて、次に泊まる時は日本全国、どこの系列であっても、その枕が部屋にセッティングされている、という素敵なシステムなのだ。

ただ、ドーミーインの枕について、今まで筆者は深く考えずにきたが、たくさんのユーザーから「あの枕を売ってほしい！」というリクエストが殺到し、ついに商品化が決まった、というから、なかなか自分に合った枕が見つけられない人にとっては、「毎日、家でも使いたい！」と思える枕との出会いは劇的なものだったのだろう。実際、無意識のうちにドーミーインで快眠させてもらっているわけで、自宅でも使ってみたら、その良さに気がつくのかもしれない。

そう考えたら、ちょっと買いたくなってきてしまった。ホテルメイドのレトルトカレーとか、ホテルで売られているショートケーキは買ったことがあるが、もっと本質的な部分に関わってくる枕が通販で買えてしまうとは！　よくよく考えたら、すでに何度もホテルで試しているのだから、こんなにも安全な通販もない。

さて、2022年は出張に行くことも増え、ますます日本各地のドーミーインに泊まれる回数も増えそうだ（今年こそコロナが収束すると信じたい）。

冗談抜きで「まるまる1か月、ドーミーインに宿泊する生活を送ってみたい」という衝動にもかられているし、住むことを前提とした部屋にも興味津々である。

何もドーミーインは泊まるだけではない。ワーケーションとして利用できるデイユースプランの導入も進んでいる。

ただ、もっと夢見ているのは、もっともっと世の中が落ち着いて、以前のように海外旅行へ気軽に出かけることができるようになる日がやってくること。

さすがに海外旅行の時はホテルも慎重に選ぶけれども、大好きなハワイにドーミーインができるようなことがあったら、もう大喜びで泊まるに決まっている！

そんな夢を見ながら、とりあえず筆をおきたいと思う。ひとりでも多くの人たちにドーミーインの素晴らしさが伝わることを信じて。

Have a nice ドーミーイン！

dormy inn
小風呂

ドーミーイン

株式会社共立メンテナンスが運営する、ビジネスホテルチェーンの名称。ドーミーインはベーシックブランドであり、そのほかドーミーインPREMIUM、ドーミーインEXPRESS、御宿 野乃の３つのブランドとともに広く展開している。多くの施設に男女別の大浴場があり、一部施設には天然温泉やサウナを完備。また、「味めぐり小鉢横丁」「ご当地逸品料理」が堪能できる朝食バイキング、夜食の時間帯に提供される「夜鳴きそば」は代名詞とも言える人気を誇る。そのほか「一泊すると住みたくなる」最高のおもてなしが至る所に用意されており、〝ドミニスタ〟と呼ばれる熱狂的なリピーターも多く存在するほど。コロナ禍では「ワークプレイスモデル」を打ち出すなど、時代のニーズに合わせた進化を続けている。

ドーミーイン公式HP
https://www.hotespa.net/dormyinn/

Have a niceドーミーイン
「一泊すると住みたくなる」最高のビジネスホテル

著者　ワニブックスNewsCrunch編集部

２０２２年３月25日　初版発行

発行者　横内正昭
編集人　内田克弥
発行所　株式会社ワニブックス
〒１５０-８４８２
東京都渋谷区恵比寿４-４-９えびす大黒ビル
電話　０３-５４４９-２７１１（代表）
０３-５４４９-２７３４（編集部）

装丁　橘田浩志（アティック）／金井久幸（TwoThree）
校正　玄冬書林
協力　小島和宏／若林優子／美馬亜貴子
編集　岩尾雅彦（ワニブックス）

印刷所　凸版印刷株式会社
DTP　株式会社 三協美術
製本所　ナショナル製本

ISBN 978-4-8470-6669-6

ワニブックスHP　http://www.wani.co.jp/
WANI BOOKOUT　http://www.wanibookout.com/
WANI BOOKS NewsCrunch　https://wanibooks-newscrunch.com/